14-09-10

SAUVEGARDEZ VOS ARTÈRES

Livre présenté par Roseline Davido

Dr FRANÇOISE DAUCHY
Dr PATRICK BAUTIER

SAUVEGARDEZ VOS ARTÈRES

préface du
professeur Jean-Noël Fabiani

PRESSES DU CHÂTELET

www.pressesduchatelet.com

Si vous souhaitez recevoir notre catalogue
et être tenu au courant de nos publications,
envoyez vos nom et adresse, en citant
ce livre, aux Presses du Châtelet,
34, rue des Bourdonnais 75001 Paris.
Et, pour le Canada,
à Édipresse Inc., 945, avenue Beaumont,
Montréal, Québec, H3N 1W3.

ISBN 978-2-84592-306-5

« Tout homme sage qui estime sa santé pour ce qu'elle vaut doit s'attacher à connaître les moyens de prévenir les maladies. »

Hippocrate

Sommaire

Préface 17
Avant-propos 19
Introduction 21

Chapitre 1

La maladie athéromateuse et ses facteurs de risque

L'hypertension artérielle 33
   Qu'est-ce que l'hypertension artérielle ? 35
   Quelles sont les causes de l'hypertension artérielle ? 38
   Comment connaît-on ses chiffres de tension ? 39
   Les mots importants à connaître 41
   Les traitements de l'hypertension artérielle 42
   L'hypertension artérielle de la femme 46
L'hypercholestérolémie 53
   Qu'est-ce que le cholestérol ? 53
   D'où vient le cholestérol ? 56
   Comment sait-on que l'on a trop de cholestérol ? 57
   Quels sont les « bons » taux de cholestérol ? 58
   Traitement de l'excès de cholestérol 61
Le diabète 67
   Comment dépiste-t-on le diabète ? 69
   Conséquences du diabète 70

Les traitements 73
Le tabagisme 80
Pourquoi s'acharner contre le tabac ? 81
L'arrêt du tabac est-il bénéfique ? 82
L'obésité 89
Qu'est-ce que l'obésité ? 89
Quel est le rôle de l'alimentation et
    comment maigrir ? 93
Ce qu'il ne faut pas faire 98
Les autres facteurs favorisants 100
Les marqueurs vasculaires 100
Les marqueurs biologiques circulants 102
Les marqueurs cardiaques non biologiques 103
Le sida et ses traitements 105
Le syndrome d'apnée du sommeil (SAS) 106
Les profils psychologiques 109
L'alcool 111
Les drogues illicites 113
Que conclure sur les facteurs de risque ? 117

Chapitre 2

LES MALADIES CARDIO-VASCULAIRES PAR LÉSIONS ARTÉRIELLES

Les symptômes d'alerte 125
L'angine de poitrine 125
L'accident ischémique transitoire cérébral (AIT) ... 126
La claudication intermittente et l'artérite
    oblitérante des membres inférieurs (AOMI) 128

Les accidents aigus 129
L'infarctus du myocarde (IDM) 129
L'accident vasculaire cérébral (AVC) 133
L'occlusion artérielle aiguë des membres inférieurs 135
Les autres maladies artérielles 136
Les maladies de l'aorte 136
Les maladies des artères rénales 138
Insuffisance cardiaque et démence :
le commencement de la fin 140
L'insuffisance cardiaque 140
Les démences 144
La fin : l'arrêt cardio-respiratoire (ACR) 146

Chapitre 3

LES EXAMENS CARDIO-VASCULAIRES
DE LA MALADIE ATHÉROMATEUSE

Les examens biologiques 151
Les examens non sanglants (ou non invasifs) 153
L'électrocardiogramme (ECG) 153
L'électrocardiogramme ambulatoire (ou Holter
cardiaque) 154
L'électrocardiogramme d'effort (ou test/épreuve
d'effort) 155
La scintigraphie myocardique et/ou thallium
d'effort 158
La radiographie thoracique ou pulmonaire (RT) .. 159
L'échographie-Doppler cardiaque transthoracique
(ETT) 159

L'écho-Doppler vasculaire (ED) 161
La mesure ambulatoire de la pression artérielle
    (MAPA ou Holter tensionnel) 162
Le scanner ou tomodensitométrie (TDM) et
    l'imagerie par résonance magnétique (IRM) 163
La tomographie par cohérence optique (OCT) 164
Les examens sanglants ou invasifs 165
L'artériographie 165
L'écho-Doppler endovasculaire 166

Chapitre 4

LE CŒUR DANS CERTAINES CIRCONSTANCES

Le cœur dans l'activité physique et sportive 169
Caractéristiques de l'effort musculaire 170
Du sport, oui, mais comment ? 173
Cas particuliers 177
Cœur et dents 180
Les facteurs de risque 180
Les soins dentaires 180
La prophylaxie bactérienne 181
Cœur et sexualité 184

Chapitre 5

LES TRAITEMENTS

Les médicaments 189
   Ceux qui soignent 189
   Ceux qui préviennent les récidives 191
Les traitements médico-chirurgicaux 193
   L'angioplastie 193
   La pose d'encloprothèse (ou stent) 193
   Les traitements électriques :
      stimulateur et défibrillateur implantables.......... 195
   La chirurgie 196

Chapitre 6

LA PRÉVENTION

La prévention individuelle 199
La prévention collective 201
   Quelle est l'utilité des messages ? 201
   Les messages sont-ils mal faits ? 202
   La qualité du message 203
   Alors, que faire ? 206

ANNEXES

Un peu d'histoire 208
Recettes et conseils alimentaires 212

Que faire en cas de malaise et d'arrêt cardiaque ? 216
Je mets en danger mon cœur quand… 218
Urgences cardio-vasculaires : les symptômes
    qui doivent alerter 220
Sport : classification de Mitchell 222

Glossaire 223
Index 227
Références 233

PRÉFACE

Pourquoi la petite ville de Framingham dans le Massachusetts est-elle devenue célèbre dans le monde de la cardiologie ? Des allées sagement bordées d'arbres, des bâtiments typiques de la côte est de l'Amérique du Nord, une population laborieuse et relativement sédentaire, rien ne prédestinait cette agglomération, qui comptait 50 000 habitants en 1948, à l'exposition aux feux de la rampe ! Et pourtant c'est elle qui fut choisie pour devenir le terrain d'étude d'une population réelle afin de définir ce qu'était le risque cardiovasculaire, pathologie qui commençait à inquiéter sérieusement les autorités sanitaires des États-Unis. Depuis soixante ans, cette population est suivie par les médecins et les épidémiologistes, et son évolution médicale est analysée avec le plus grand soin. Sur trois générations maintenant. Une population entière sous le microscope des chercheurs !...

Ce sont ces résultats qui ont permis de comprendre les grands facteurs de risque de la maladie des artères. On les connaît maintenant tant ils ont été rabâchés par les médecins sur tous les tons : le cholestérol, le tabac, la sédentarité... Ils ont également permis de démasquer les maladies complices de cette « épidémie » cardio-vasculaire : l'hypertension, qui sournoisement durcit les artères, et le diabète qui perturbe leur métabolisme.

D'innombrables études se sont attachées depuis à mieux comprendre ces phénomènes, à les prévenir ou à les guérir.

17

Les médicaments, les traitements interventionnels ou chirurgicaux qui en découlent sont impressionnants par leur efficacité. Le nombre de patients traités se chiffre en millions. Les résultats, même si l'on peut toujours mieux faire, se traduisent par l'allongement significatif de l'espérance de vie dans tous les pays occidentaux.

Et pourtant la Framingham Study se préoccupait surtout des hommes de plus de cinquante ans et bien entendu des habitants de Framingham, donc des Américains… Et les femmes dans tout cela ? Et les Européens sont-ils semblables aux Américains ? Mangent-ils (ou boivent-ils) les mêmes choses ? D'autres études plus récentes répondent à ces questions.

Comment faire la synthèse de soixante ans de travail et l'exposer clairement à un lecteur qui n'est ni médecin ni chercheur et encore moins épidémiologiste ?

Il fallait deux praticiens, deux cliniciens chaque jour au contact de leurs malades, expliquant sans cesse les bonnes pratiques de la prévention, déjouant les pièges du langage, allant au-devant des questions que l'on n'ose pas poser. Les docteurs Françoise Dauchy et Patrick Bautier se sont attelés à cette tâche avec courage et bonheur. Ils n'ont pas écrit ce livre pour qu'il finisse rangé au fond d'une bibliothèque, mais pour répondre aux interrogations des patients ou de ceux qui ne veulent pas le devenir, c'est-à-dire chacun d'entre nous qui souhaite voir appliqué à son cas l'adage : « prévenir plutôt que guérir ».

Professeur Jean-Noël Fabiani
Membre de l'Académie de chirurgie
Chef du service de chirurgie cardio-vasculaire
de l'Hôpital européen Georges-Pompidou

Avant-propos

« La vie est l'ensemble des fonctions qui résistent à la mort. »
Marie François Xavier Bichat

Ce livre n'est pas un roman, puisque tout le monde en connaît l'intrigue : on naît, on vit, on meurt. Pourtant, il y a beaucoup de personnages : vous, nous, les autres médecins, les administratifs, les industriels du médicament et de l'agroalimentaire, les publicitaires. En fait, une seule personne est importante, c'est la personne humaine, qui n'a qu'un seul capital qui vaille : la santé, puisque les linceuls n'ont toujours pas de poches. La plupart d'entre nous cherchent à préserver ce capital. Le but de ce livre est de vous y aider.

Les notions, les raisonnements médicaux sont comme les poupées russes : ils s'imbriquent les uns dans les autres, sans cesse remis en question et gardant toujours un certain flou et un certain degré d'incertitude. L'art médical ne s'apprend pas en une nuit. Vous ne deviendrez pas médecin au terme de la lecture de ce livre, mais nous espérons vous permettre de mieux exercer votre esprit critique. Vous comprendrez pourquoi certains symptômes sont alarmants et d'autres pas, quels sont les enjeux et les risques de certains examens. Vous comprendrez aussi l'intérêt majeur de la prévention, pourquoi il faut accepter certaines contraintes et comment le faire. Peut-être aussi ce livre vous évitera-t-il de vous perdre dans le « charabia » médical.

Il y a beaucoup de répétitions dans les pages qui suivent – c'est intentionnel ! Ce n'est pas un manuel, où l'on considère que les notions abordées précédemment sont acquises. Vous pourrez, sans difficulté, lire le chapitre qui vous intéresse. Mais ne vous focalisez pas sur un centre d'intérêt particulier, car c'est justement l'ouverture sur d'autres choses ou une façon différente de les aborder qui vous permettront d'avancer dans la compréhension du sujet.

Nous n'abordons ici que le cœur et ses vaisseaux, avec un seul guide : celui de la prévention, puisque c'est elle qui a permis que les maladies cardio-vasculaires descendent à la deuxième marche du podium des pourvoyeurs de mortalité précoce et évitable, après le cancer. Même encore appliquée avec une certaine forme de dilettantisme – qui masque doctement le conformisme et l'ignorance –, la prévention a des effets. Alors appliquons-la, et l'on aura ainsi tout le loisir de s'intéresser aux « nouveaux » facteurs de risque pour l'instant inconnus.

INTRODUCTION

Comme diraient les Shadoks : « Pompons ! »

« Le programme génétique prescrit la mort de l'individu, dès la fécondation de l'ovule[1]. » Puisque nous sommes tous mortels, pourquoi s'intéresser ainsi à notre cœur et à nos artères ?

Parce que avec les progrès de la médecine, de la chirurgie, de l'hygiène individuelle et publique, l'espérance de vie a fait un bond fantastique dans les pays industrialisés : estimée à 48 ans en 1900, elle atteint, en 2000, 79 ans en moyenne pour les deux sexes. Une hausse phénoménale de 65 % en un siècle. En 2007, en France, c'est encore plus favorable... mais il vaut mieux être une femme (84,5 ans) qu'un homme (77,6 ans). Cette disparité homme-femme, observée dans tous les pays, n'a pas d'explication probante à ce jour.

A-t-on la possibilité, le pouvoir d'améliorer nous-mêmes notre longévité ? La réponse est clairement positive. Les résultats d'études épidémiologiques, comme celles de l'Institut national d'études démographiques (Ined) ou de l'université de Cambridge (Royaume-Uni), en partenariat avec le

---

1. François Jacob, *La Logique du vivant*, Gallimard, 1976.

Medical Research Council, confirment le bénéfice, dans une population donnée, « *d'une hygiène de vie idéale* » qui associe suppression du tabac, consommation réduite d'alcool, consommation quotidienne de fruits et légumes, et exercice physique régulier. Selon l'étude britannique, ce mode de vie se traduit par une augmentation de quatorze années d'espérance de vie.

Comme souvent, quand les progrès sont là, on ne revient pas en arrière. La question n'est plus de savoir si l'on va vivre vieux, mais si l'on va vivre *mieux*. Mais on ne peut y répondre, puisqu'il y a trop d'inconnues. En revanche, même s'il y a encore de gros progrès à faire en matière de santé cardio-vasculaire, on peut déjà répondre oui à la question : « Peut-on vivre vieux *et* mieux ? »

Par des modifications de notre comportement, on peut repousser la date de survenue d'accidents cardio-vasculaires, leur gravité morbide et/ou mortelle, leurs conséquences handicapantes. À l'heure actuelle, beaucoup de facteurs favorisants et/ou aggravants sont bien identifiés, et les preuves deviennent écrasantes que leur diminution ou leur suppression entraînent une amélioration de la qualité de vie.

Mais, avant de détailler ces *facteurs de risque cardio-vasculaire*, rappelons quelques notions anatomiques et fonctionnelles : que sont le cœur, les artères, la circulation ? Et comment fonctionnent-ils ?

Le cœur

Sans lui, il n'y aurait rien. Il ne pèse pourtant que 250 grammes, soit environ 0,4 % du poids du corps… mais c'est un « poids lourd » qui consomme 10 % de tout l'oxygène apporté par la respiration.

Le cœur est un muscle qui fonctionne comme une pompe, de façon autonome, et alimente l'ensemble de l'organisme avec du sang sous pression. Il y a en fait deux cœurs, un cœur gauche et un cœur droit : le sang du cœur gauche est oxygéné, celui du cœur droit l'est moins.

Soixante-dix fois par minute (fréquence cardiaque ou pouls), soit chaque 0,8 seconde, le cœur se contracte (systole) et éjecte, dans l'aorte et toutes les artères collatérales, une certaine quantité de sang (débit cardiaque) nécessaire et suffisante pour apporter l'énergie aux organes et aux muscles. Ensuite, le cœur se repose (diastole) et se remplit avant une nouvelle systole.

Chaque minute, le cœur brasse ainsi 5 litres de sang, soit un volume de 2 600 m³ par an. Comparez avec votre consommation d'eau ! À l'effort, la fréquence cardiaque et le débit augmentent pour assurer des besoins énergétiques musculaires majorés.

Les artères

Ce sont des tuyaux à la paroi très complexe, déformables soit de façon passive sous l'effet de la pression sanguine, soit de façon active en raison de leur structure musculaire. Les artères sont un véritable organe de régulation.

Leur paroi est faite de trois structures concentriques. De l'intérieur vers l'extérieur, on distingue :

• *l'intima* : c'est la couche la plus mince, constituée de l'endothélium, simple tapis de cellules en contact direct avec le sang, et d'une fine couche sous-endothéliale. Son rôle métabolique est important et nous verrons que les troubles qui l'affectent, appelés *dysfonction endothéliale*, sont la source de multiples maladies ;

• *la média* : c'est une couche de cellules musculaires lisses avec des fibres élastiques, éparses, plus ou moins nombreuses ;

• *l'adventice* : elle est constituée de faisceaux de fibres élastiques et de collagène, noyés dans du tissu conjonctif avec des cellules (fibroblastes), des nerfs et des vaisseaux nourriciers (vasa vasorum).

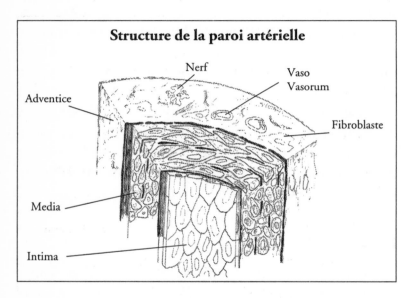

Structure de la paroi artérielle

La circulation

Le sang *oxygéné*, « rouge », part du cœur gauche (la pompe, le moteur), qui le distribue sous pression (la tension artérielle), par les artères, aux organes, tissus, muscles, cellules… Ceux-ci consomment l'énergie reçue et rejettent les déchets (sang « bleu ») par les veines qui remontent au cœur droit. Ce dernier envoie le sang, par l'artère pulmonaire, dans les poumons. Ils éliminent le gaz carbonique, rechargent le sang en oxygène qui est ramené par les veines pulmonaires au cœur gauche.

On peut remarquer une petite « particularité » : l'artère pulmonaire, au contraire des autres artères, contient du sang « bleu » et les veines pulmonaires, au contraire de toutes les veines, du sang « rouge ». Cela remonte à la nuit des temps, quand le concept de « circulation » était encore dans les limbes[1].

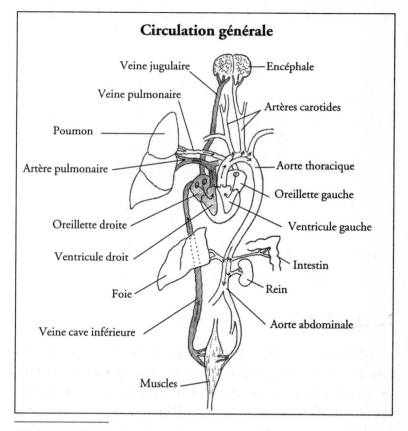

Circulation générale

Veine jugulaire

Veine pulmonaire

Encéphale

Artères carotides

Poumon

Artère pulmonaire

Aorte thoracique

Oreillette gauche

Oreillette droite

Ventricule gauche

Ventricule droit

Intestin

Foie

Rein

Veine cave inférieure

Aorte abdominale

Muscles

1. Voir Annexes, p. 208.

Comment ça se dérègle ?

Chaque partie du circuit peut s'endommager et retentir sur l'ensemble dans un engrenage fatal : la maladie cardio-vasculaire.

Le cœur peut lâcher :
• en raison d'une maladie du muscle cardiaque (cardio-pathie dégénérative) ;

• parce que le muscle cardiaque est mal oxygéné (cardio-pathie ischémique). Le cœur se distribue en effet à lui-même son oxygène par les artères coronaires, premières branches de l'aorte. Quand les coronaires se bouchent, c'est l'infarctus du myocarde ;

• parce que le « circuit électrique » qui crée l'autonomie des battements a des ratés, des arrêts (pauses, blocs) ou s'emballe de manière anarchique (troubles du rythme) ;

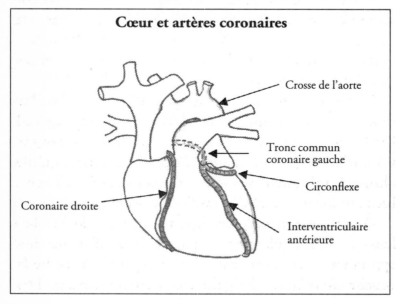

Cœur et artères coronaires

Crosse de l'aorte

Tronc commun coronaire gauche

Circonflexe

Coronaire droite

Interventriculaire antérieure

• parce que ces causes concourent ensemble à abîmer le cœur et qu'il ne peut plus assurer son travail (insuffisance cardiaque).

Les artères lâchent en raison d'une détérioration chronique ou brutale d'une des trois structures de leur paroi :
• par des mécanismes complexes comme la dissection – où la paroi interne se déchire – ou la rupture d'anévrisme – l'anévrisme étant une dilatation anormale et localisée de la paroi artérielle, qui se déchire avec hémorragie vers l'extérieur de l'artère ;
• par des phénomènes de durcissement et d'épaississement des parois, liés au processus athéromateux qui détériore la couche endothéliale, contribuant à rétrécir le diamètre de l'artère et, à terme, à la boucher.

Il faut insister sur ce sujet car, si le vieillissement de nos artères est inéluctable, les études épidémiologiques ont montré que l'on pouvait, par un meilleur contrôle des facteurs de risque, ralentir la survenue de l'athérome et ses conséquences fâcheuses.

Le mot « athérome » vient du grec *athara*, ou « bouillie de farine ». Cela donne déjà une idée du problème ! Quand l'artère est malade, c'est en effet par *la plaque d'athérome*. C'est elle, l'ennemie à abattre. Cette plaque, parce qu'elle obstrue le vaisseau ou se rompt, est à la source de très nombreux accidents et maladies cardio-vasculaires.

Dans la paroi artérielle, des dépôts de graisses – dont le cholestérol – s'accumulent, et des phénomènes inflammatoires apparaissent. Tout cela contribue à l'épaissir, à rendre la couche endothéliale irrégulière et à rétrécir l'artère. Des

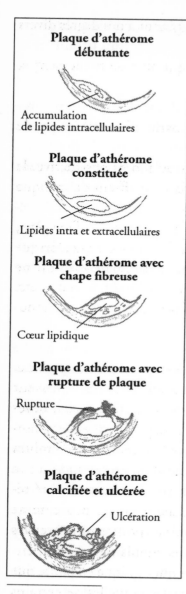

Plaque d'athérome débutante

Accumulation de lipides intracellulaires

Plaque d'athérome constituée

Lipides intra et extracellulaires

Plaque d'athérome avec chape fibreuse

Cœur lipidique

Plaque d'athérome avec rupture de plaque

Rupture

Plaque d'athérome calcifiée et ulcérée

Ulcération

sortes de bourgeons font alors saillie dans sa lumière.

Si la chape qui recouvre ces saillies se rompt (rupture de plaque[1]), le sang se retrouve en contact direct avec un certain nombre d'éléments, auxquels il est étranger : il réagit en agrégeant des plaquettes sanguines, formant un caillot. Ce dernier peut s'incorporer à la paroi et encore aggraver la taille de la plaque et le degré d'obstruction de l'artère. Il peut aussi migrer dans le sens de la circulation et boucher une artère plus en aval (embolie).

Il existe des mots pour évoquer ces processus physiopathologiques dans les maladies cardiaques et artérielles. Pour les mécanismes, on parle de sténose ou d'occlusion :

• *la sténose* est le rétrécissement de la lumière de l'artère, en raison de plaques d'athé-

---

1. Les causes de la rupture sont encore seulement supputées même si de nouvelles techniques, comme l'écho-Doppler endovasculaire, peuvent les approcher.

rome plus ou moins obstructives, gênant à des degrés divers le passage du sang ;

• *l'occlusion* est un bouchon qui obstrue totalement la lumière de l'artère.

Pour les conséquences, on parle d'ischémie ou de nécrose :

• à cause de cette plaque plus ou moins obstructive, le sang circule très peu en aval, les tissus souffrent du manque d'oxygène : c'est *l'ischémie* ;

• le sang ne circule plus du tout, il n'y a plus d'oxygène, les tissus meurent : c'est *la nécrose*. Il faut savoir que, lorsque le tissu est mort, c'est *sa fonction* qui est morte : on ne « refait » pas de cellules cardiaques, cérébrales, rénales, etc. Les tissus nécrosés deviennent fibreux, sans aucune fonctionnalité.

Mais l'organisme humain est une merveilleuse machine. D'une part, des zones de cerveau « dormantes » peuvent relayer des zones devenues déficientes. D'autre part, le développement de la *circulation collatérale* peut limiter les conséquences des maladies artéritiques (coronaires et membres inférieurs) : on ne crée pas de nouvelles artères, mais on va développer les petites, qui vont donc « contourner » le rétrécissement. Pour donner une image, c'est un peu comme quitter l'autoroute, large et rapide, pour emprunter les routes départementales, étroites et moins rapides. On circule, mais c'est plus lent. C'est ce qui explique en partie que l'on récupère et que l'on réduise les séquelles de certains accidents aigus.

Ne vaut-il pas mieux un peu de lenteur, si c'est pour récupérer ? Mais n'est-ce pas mieux encore de n'avoir rien à récupérer, car l'on n'aura rien abîmé ? Il est temps de voir comment préserver cette belle mécanique.

Chapitre 1

La maladie athéromateuse et ses facteurs de risque

« *Le facteur de risque*
ne sonne pas toujours trois fois... »

Comme nous venons de le voir, l'athérome atteint la paroi artérielle qui s'abîme au fil du temps, vieillit, se détériore et finit par rétrécir ou obstruer la lumière de l'artère. C'est un phénomène naturel qui débute tôt dans la vie, vers 20 ans, voire encore plus jeune. Actuellement, on connaît des facteurs favorisant l'athérome. Comme celui-ci est source d'accidents, de maladies, ces facteurs sont appelés *facteurs de risque*. La notion de facteurs de risque est apparue peu à peu en fonction des études épidémiologiques, l'ancêtre codifiée étant l'étude de Framingham[1] : l'observation sur vingt ans de la santé de la population de cette petite ville du Massachusetts, aux États-Unis. Cette collecte de renseignements est si riche qu'elle se poursuit toujours, parallèlement à d'autres études.

L'hypertension artérielle

L'hypertension artérielle (HTA) existe à tous les âges de la vie, mais nous n'aborderons ici que celle du sujet adulte. Est hypertendu tout individu dont la pression artérielle (PA), ou « tension », est supérieure ou égale à 14/9 cmHg ou 140/90 mmHg, dans des circonstances bien définies :

---

1. 1948.

chiffres élevés retrouvés plusieurs fois lors de consultations différentes, à quelques semaines d'intervalle, en dehors d'un contexte très émotionnel, en position assise depuis plusieurs minutes, c'est-à-dire au repos, avec un brassard placé à hauteur du cœur et adapté au diamètre du bras.

Les appareils au poignet donnent des indications mais ne sont pas encore très fiables. De toute façon, il est préférable de vérifier que l'appareil est bien homologué par les autorités sanitaires.

Ces conditions sont fondamentales pour ne pas se tromper ! En effet, annoncer à une personne qu'elle est hypertendue n'est pas anodin : c'est lui mettre d'emblée une épée de Damoclès au-dessus de la tête. L'HTA étant un facteur de risque très puissant, cela signifie qu'à plus ou moins longue échéance cette personne a un risque de complications vasculaires, soit par infarctus du myocarde, soit par accident vasculaire cérébral (AVC) ou autre, source de handicaps ou de mort. Elle peut donc dire adieu à l'insouciance !

LA MESURE DE LA TENSION ARTÉRIELLE

• La tension artérielle est mesurée à l'aide de deux chiffres : le premier exprime la tension la plus haute (pression artérielle systolique) et le second, la tension la plus basse (pression artérielle diastolique).

• Ces chiffres sont exprimés en millimètres de mercure (mmHg) ou en centimètres de mercure (cmHg). Ainsi, 140/90 mmHg = 14/9 cmHg.

• Dans le langage courant, on utilise le plus souvent les centimètres de mercure, sans préciser d'ailleurs l'unité : « J'ai 11/6 de tension. »

L'HTA touche en France plus de dix millions de personnes et représente 14 % des consultations médicales. Malgré tout, aujourd'hui encore, beaucoup de personnes sont hypertendues et ne le savent pas : c'est une *maladie silencieuse* dans la plupart des cas. Des maux de tête, des impressions de mouches volantes dans les yeux doivent cependant alerter.

Qu'est-ce que l'hypertension artérielle ?

Il y a toujours dans les artères du sang qui circule sous l'effet de la pression induite par la pompe cardiaque. L'HTA est l'augmentation permanente et anormale de cette pression.

Le cœur se contracte (systole) de soixante à soixante-dix fois par minute : c'est la fréquence du pouls, ou fréquence cardiaque. Il chasse ainsi le sang dans les artères où la pression monte : on parle de *pression systolique (ou maxima).* Entre deux systoles, le cœur se relâche (diastole). Il reste à ce moment-là une pression résiduelle dans les artères : *la pression diastolique (ou minima).* La pression artérielle n'est jamais nulle.

Le cœur, par son travail, distribue donc le sang aux organes. On le compare souvent à un moteur, mais aucune voiture ne peut rivaliser avec lui. Au repos, chaque minute, le cœur éjecte près de 5 litres de sang, soit un volume de *7 m³ par jour*, et cela toute la vie…

Comme dans toute « tuyauterie », il existe une certaine *résistance* à l'écoulement du sang dans le réseau artériel, d'autant qu'il se ramifie en artères de plus en plus fines. C'est cette résistance qui détermine la pression que doit développer le cœur pour y propulser l'onde sanguine. Plus la résistance à l'écoulement est faible, plus le travail du cœur est facilité : la pression artérielle est *normale.* À l'inverse, quand la résistance

Système rénine-angiotensine

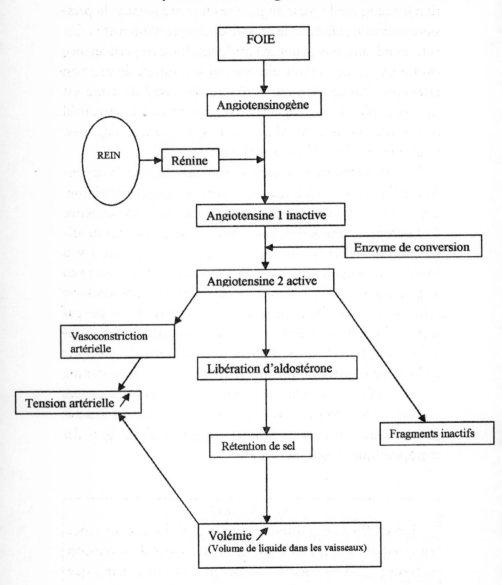

à l'écoulement est forte, la pression efficace nécessaire à l'éjection du sang par le cœur augmente en conséquence : la pression artérielle *s'élève*, et le travail cardiaque s'intensifie. On comprend ainsi que la pompe cardiaque lutte en permanence contre un « frein », dont témoignent les chiffres de pression artérielle. Plus ce frein est élevé, plus le travail du cœur est intense et plus il se « fatiguera » vite. D'abord, il va grossir (il se « muscle »), puis se dilater et progressivement s'épuiser, pour mener à l'insuffisance cardiaque.

La **régulation de la pression artérielle** est sous la dépendance d'un **système hormonal** complexe : le système rénine-angiotensine. La rénine est une enzyme sécrétée par les reins. Elle permet la transformation, dans le sang, de l'angiotensinogène d'origine hépatique en angiotensine I qui, à son tour, sous l'effet de l'enzyme de conversion, se transforme en angiotensine II, la plus puissante substance vasopressive (effet vasoconstricteur sur les parois artérielles) de l'organisme. En outre, l'angiotensine II agit sur les glandes surrénales pour stimuler la sécrétion de l'aldostérone, hormone qui régule la rétention d'eau et de sel dans les vaisseaux. C'est la mise en évidence par John Laragh, dans les années 1960, de cette boucle d'autorégulation entre pression artérielle et métabolisme du sel et de l'eau, qui est à l'origine des thérapeutiques modernes de l'HTA.

ATTENTION !

Les chiffres de tension artérielle doivent être au repos en dessous de 140/90 mmHg. Il n'y a pas de « tension nerveuse » : on est énervé, fatigué, on dort mal… parce que l'on a une tension artérielle trop élevée. Et non l'inverse !

Quelles sont les causes de l'hypertension artérielle ?

Il existe surtout des situations favorisant l'HTA :

• **Les facteurs génétiques** sont probants. Chez plus de 50 % des hypertendus, on retrouve un antécédent d'HTA chez l'un des parents. L'HTA dans la population noire est de deux à quatre fois plus fréquente que dans la population blanche.

Les travaux sur les gènes ne sont encore qu'au stade de la recherche fondamentale, sans impact actuel sur les traitements antihypertenseurs.

• **Les facteurs externes** sont loin d'être négligeables, puisque, en les corrigeant, on réduit l'HTA. Cependant, ils ne sont pas très fréquents et agissent de façon plus additionnelle que déterminante. Il faut citer :

— *le dérivé glycirrhyzique de la réglisse*, que l'on trouve dans le Zan, le Cachou, le coco, l'Antésite ou le pastis sans alcool : il intervient dans le métabolisme comme analogue de l'aldostérone, une hormone sécrétée par les glandes surrénales et dont l'excès favorise l'HTA. N'oublions pas que Stendhal abusait de la réglisse et qu'il est mort d'apoplexie…

— *l'excès de sel, de graisses ou d'alcool* dans l'alimentation ;

— *certains médicaments* comme les anti-inflammatoires, les œstrogènes présents dans la « pilule » ou les traitements substitutifs de la ménopause, voire des erreurs de traitement, de façon très exceptionnelle. On parle alors d'HTA iatrogène.

• **Des maladies particulières :** elles sont rares mais doivent toujours être recherchées car, en les traitant, on guérit l'HTA, alors qualifiée de « secondaire ». Dans certains cas, ces maladies peuvent se manifester par des symptômes mais, le plus souvent, il faut savoir y penser chez un sujet dont l'HTA est récente, surtout s'il est jeune (moins de 30 ans), avec des chiffres qui sont d'emblée élevés, au-dessus de 180/110 mmHg, difficiles à corriger ou s'aggravant rapidement en dépit du traitement. Le médecin va alors rechercher, outre les causes déjà évoquées, une maladie des glandes surrénales (avec hypersécrétion d'hormones hypertensives, comme dans l'hyperplasie des surrénales, le syndrome de Conn ou le phéochromocytome) ou bien encore une maladie sténosante des artères rénales… sans oublier la coarctation aortique (net rétrécissement de l'aorte).

Mais dans 90 à 95 % des cas, l'HTA est dite « essentielle », c'est-à-dire sans maladie causale sur laquelle on puisse agir. Dans ces conditions, c'est le traitement antihypertenseur qui fait baisser les chiffres de la tension artérielle. Il doit être continu : si on l'arrête, la tension remonte plus ou moins rapidement et le bénéfice est nul.

Comment connaît-on ses chiffres de tension ?

En principe, le dépistage est l'affaire du médecin qui contrôle la tension artérielle. Il vous donne le résultat après plusieurs mesures faites aux deux bras avec son tensiomètre, en position couchée puis debout. Son objectif n'est pas d'obtenir des chiffres mais *de formuler un pronostic de gravité* et de vous donner le traitement le mieux adapté à votre cas.

Il existe également d'autres méthodes de mesure :

• **La mesure ambulatoire de la pression artérielle (MAPA) :** on porte un brassard relié à un appareil qui prend automatiquement la tension toutes les demi-heures ou toutes les heures, pendant vingt-quatre heures. C'est un peu contraignant mais riche de renseignements pour écarter le fameux « effet blouse blanche » (les chiffres mesurés par le médecin sont élevés mais, dès que l'on ne le voit plus, ils se normalisent). C'est aussi très utile pour dépister une HTA très matinale, lorsqu'on dort encore, ou pour révéler un syndrome d'apnée du sommeil, avec une prédominance nocturne de l'HTA. La MAPA permet aussi, tout simplement, de confirmer le diagnostic de l'HTA, d'en apprécier le niveau et de contrôler le traitement. Le principal inconvénient de cet examen, encore appelé « Holter tensionnel », est qu'il n'est pas remboursé par la Sécurité sociale.

• **L'automesure tensionnelle** : il s'agit ici de prendre soi-même sa tension, à l'aide d'un appareil adapté vendu en pharmacie. L'automesure tensionnelle est de plus en plus recommandée, mais il faut respecter certaines règles pour que les indications fournies soient interprétables : repos, position assise, bras souple, appareil à hauteur du cœur.

• **Le profil tensionnel d'effort** (déterminé à l'occasion d'un test d'effort) : une augmentation à l'effort de la pression artérielle systolique de plus de 44 mmHg est en effet associée à un sur-risque de mortalité cardio-vasculaire de l'ordre de 23 % et est prédictive d'une HTA permanente dans les huit ans qui suivent, pour les deux sexes. Mais, le test d'effort renseignant surtout sur la situation présente, ce qui est surtout anormal, au cours du test, c'est l'absence d'augmentation de la tension artérielle dans les derniers paliers : cela témoigne d'une inadaptation du cœur à l'effort et sûrement d'une maladie cardiaque existante.

Les mots importants à connaître

L'HTA résistante

C'est une pression artérielle qui reste supérieure à 140/90 mmHg malgré un traitement qu'on estime bien conduit, c'est-à-dire avec des médicaments à doses suffisantes et comprenant au moins un diurétique.

On a déjà vu ce que le médecin avait à faire. Si les mesures sont bien faites, avec un brassard adapté, s'il n'y a pas de maladie comme cause particulière, pourquoi les chiffres ne baissent-ils pas ? Assez souvent, c'est la faute du malade. Il mange trop salé, est trop sédentaire, s'alcoolise plus qu'il ne le devrait, ne prend pas ses médicaments ou les prend mal… Mais si rien de tout cela n'est avéré, le médecin va devoir reprendre l'enquête à la recherche d'une cause secondaire.

L'urgence hypertensive (ou hyper-gravité)

Même si ce n'est pas la même chose d'avoir la tension à 160/100 mmHg ou à 220/120 mmHg, ce n'est pas le niveau des chiffres qui définit l'urgence hypertensive, mais les *signes d'intolérance*, synonymes de complications graves et parfois mortelles, comme :

• l'encéphalopathie, avec maux de tête violents, troubles visuels, risque de perdre la vue par œdème cérébral ;

• l'insuffisance cardiaque ou la menace d'infarctus ;

• un AVC ;

• ou encore une prééclampsie avec atteinte rénale ou une éclampsie avec convulsions, coma (voir p. 115), etc.

Le plus souvent, l'HTA s'installe sournoisement, sans symptômes d'alerte. Si elle n'est pas dépistée, elle va petit à petit fatiguer le cœur, favoriser le développement de l'athérome vasculaire, et, cela, d'autant plus que s'y associent d'autres facteurs de risque. On s'achemine alors, de façon insidieuse, vers les complications que sont les accidents cardiaques (coronaropathies, infarctus), les accidents vasculaires cérébraux, l'artérite des membres inférieurs ou l'altération de la fonction des reins ou de la vision (rétine). Tout cela n'est pas vraiment joyeux !

L'HTA est l'un des principaux facteurs de risque de maladie cardio-vasculaire. On lui attribue 40 % de la mortalité d'origine cardio-vasculaire entre 45 et 64 ans. La conclusion est alors évidente : *il faut tout faire pour avoir une tension artérielle normale !*

Cela suppose beaucoup de contraintes, mais nos efforts seront couronnés de succès. Toutes les études épidémiologiques, depuis des dizaines d'années, montrent en effet que la réduction de l'HTA entraîne une baisse significative de la morbidité et de la mortalité d'origine cardio-vasculaire. Et, cela, indépendamment des autres facteurs de risque. Alors soyons sérieux ! Surveillons notre tension, prenons conseil auprès de notre médecin, obligeons-nous à être vigilants et, si nécessaire, traitons correctement notre HTA. Nous abîmerons moins nos artères !

Les traitements de l'hypertension artérielle

Après ces insistantes répétitions, on a bien compris que le traitement de l'HTA n'est pas simplement de faire baisser les chiffres en tant que tels, à un moment donné. Il s'inscrit dans un contexte durable de *prévention du risque*. L'objectif est d'obtenir de façon durable des chiffres inférieurs à

140/90 mmHg. Pour les malades considérés « à haut risque cardio-vasculaire », comme le diabétique ou l'insuffisant rénal, la cible à atteindre est de 120/80 mmHg.

Les règles hygiéno-diététiques

Elles sont essentielles. Nous les détaillerons plus loin, puisqu'elles sont communes à toutes les démarches de prévention des facteurs de risque, mais dans le cadre particulier de l'HTA, rappelons la nocivité du sel (chlorure de sodium) : il faut éliminer la salière de la table, se méfier des plats cuisinés industriels trop souvent riches en sel[1] et en graisses. En ce qui concerne la consommation d'alcool, tenter de se limiter au quotidien à deux verres de vin pour les femmes, trois verres de vin pour les hommes. Ne pas absorber de réglisse, faire surveiller et arrêter, si nécessaire, un éventuel traitement hormonal, éviter les médicaments anti-inflammatoires et, enfin, garder une bonne activité physique.

Les médicaments

Cinq grandes classes de médicaments antihypertenseurs sont actuellement utilisées de façon habituelle. Une sixième est disponible depuis peu. Ainsi, le médecin a le choix entre :
• *les diurétiques*, les plus anciens mais toujours d'actualité. Pour l'hypertension, essentiellement les thiazidiques et les « épargneurs » de potassium ;
• *les bêtabloquants* ;
• *les inhibiteurs calciques* ;
• les médicaments *interférant avec le système rénine-angiotensine*, comme les inhibiteurs de l'enzyme de conversion

---

1. Voir aussi le chapitre « Insuffisance cardiaque », p. 140.

(IEC)[1], les antagonistes des récepteurs de l'angiotensine (AA2 ou ARA2), les antirénine (nouvelle classe) ;
 • les médicaments dits « *centraux* » (qui agissent sur le système nerveux central).

L'arsenal est donc vaste. Chaque médicament a prouvé son efficacité, seul ou en association, et il est tout à fait possible de réaliser des combinaisons synergiques entre ces médicaments. La concurrence entre les laboratoires pharmaceutiques a été bénéfique à notre santé tensionnelle, puisqu'elle a permis de disposer, au sein d'une même classe thérapeutique, de molécules différentes dans leurs effets secondaires d'intolérance ou de propriétés thérapeutiques annexes, permettant de traiter deux maladies en même temps. Au final, chaque ordonnance est presque du « sur mesure ».

Entre tous ces médicaments, le choix ne se fait pas à l'aveuglette. Il repose sur une réflexion qui englobe à la fois les *recommandations*[2] issues de très nombreuses études et méta-analyses sur l'efficacité des thérapeutiques, et la *prise en compte du cas toujours particulier* qu'est celui du malade.

Votre médecin vous connaît. Il connaît vos particularités qui justifient d'affiner le diagnostic (facteurs secondaires ?) et de personnaliser la prescription en fonction des maladies associées. Un diabète, une maladie coronarienne, une insuffisance rénale, une grossesse en cours, une chimiothérapie

---

1. La famille des IEC est issue de la découverte du système rénine-angiotensine-aldostérone (SRAA), qui module la régulation de la pression artérielle et a évolué vers la découverte de nouvelles familles d'antihypertenseurs (ARA2, antirénine).
2. « Guidelines » américaines et européennes.

ou encore des allergies font préférer ou éviter telle ou telle classe thérapeutique. Votre médecin sait combien il est difficile d'avoir à prendre toutes ces « drogues » ; il va donc essayer de faciliter l'observance de votre traitement en choisissant des molécules à effet prolongé (sur vingt-quatre heures au moins), en cherchant à éviter les effets indésirables et en vous expliquant pourquoi il soigne votre tension et, en même temps, les autres facteurs de risque qui y sont associés.

En début de traitement ou lors d'une modification de celui-ci, les effets secondaires désagréables ne sont *pas toujours le fait du médicament*, même si on argumente : « Mais, docteur, c'est inscrit dans la notice ! » Ils peuvent n'être que « virtuels » et traduire un certain mal-être du sujet qui vient d'apprendre qu'il n'est plus éternel…

La prise en charge et le traitement de l'HTA isolée sont de la compétence du médecin généraliste, même si celui-ci doit parfois s'aider de l'avis ponctuel du cardiologue. Une fois les choses bien établies, *le piège est de tomber dans la routine*, de se limiter à constater des chiffres convenables lors de consultations espacées motivées pour un autre problème médical, alors qu'évidemment, le temps passant, le patient « s'encroûte », relâche son attention – on n'est jamais plus indulgent que vis-à-vis de soi-même – et laisse à nouveau les autres facteurs de risque reprendre le dessus. Le malade peu friand de contraintes va profiter de l'aubaine que son généraliste ne se transforme pas en gendarme ou en nounou, et aura même l'idée de se croire cautionné dans son laxisme : « Mon médecin ne me dit rien… » C'est en général le même malade que le neurologue ou le cardiologue voient quelques années plus tard, pour des complications catastrophiques, pas toujours récupérables.

Il est donc indispensable qu'un hypertendu *se fasse surveiller par son médecin tous les trois ou quatre mois,* et qu'il ait, de manière plus ou moins fréquente et selon le niveau de retentissement de sa maladie, un bilan cardiologique pour savoir si tous les éléments sur lesquels on peut agir sont maîtrisés et sont en phase avec les recommandations répétées et actualisées. Pour une fois, l'éthique rejoint les finances : dix ans de traitement antihypertenseur reviennent, à long terme, moins chers que les hospitalisations imposées par les complications pour infarctus du myocarde ou AVC, avec leurs séquelles de dépendance.

L'hypertension artérielle de la femme

La femme a les mêmes raisons que l'homme de « faire de la tension ». Le profil est un peu différent : après 60-65 ans, elle en fait plus souvent que l'homme, et cette HTA est sa principale cause de mortalité. Mais c'est dans trois situations spécifiquement féminines que la femme devient très vulnérable à l'HTA : la prise d'une contraception orale, la grossesse et la ménopause.

La contraception orale

64 % des femmes en âge d'avoir des enfants utilisent un moyen de contraception. La contraception orale (CO) œstro-progestative est la plus utilisée.

De façon habituelle, les chiffres de la TA augmentent de 5 à 8 mmHg sous CO. Ainsi, 5 % des femmes sous pilule deviennent hypertendues, pas forcément dans l'immédiat mais après plusieurs années d'utilisation. Il ne faut donc pas relâcher la surveillance des femmes prenant la pilule, d'autant que les données épidémiologiques montrent, depuis les années 2000, une augmentation de la mortalité cardio-vasculaire féminine entre 35 et 44 ans.

Les mécanismes de cette HTA sont complexes : activation du système rénine-angiotensine, rétention hydro-sodée, dysfonction endothéliale. Depuis la révolution « pilule », les doses et les qualités de ces produits contraceptifs ont beaucoup

---

EN PRATIQUE

• On considère que, si les chiffres de tension artérielle augmentent lors de trois consultations successives et assez rapprochées, il faut arrêter la CO. Au-delà, la surveillance devra être très sérieuse lors des grossesses ultérieures ou à la ménopause.

• Il est primordial de lutter avec acharnement pour éliminer les comorbidités dangereuses comme le tabac, l'obésité (mais aussi une maigreur excessive) et l'absence d'exercice physique. Leur existence ou leur persistance sont une raison suffisante, pour le médecin, de refuser la prescription de la CO ou son renouvellement.

• En cas d'HTA, de diabète ou d'excès de cholestérol (sauf si les LDL sont inférieurs à 1,60 g/l, voir p. 58), la CO peut être tolérée mais avec conditions : âge inférieur à 35 ans, bonne santé générale, absence de tabagisme ou de tout autre facteur de risque, tension bien contrôlée et, surtout, aucune solution alternative contraceptive possible (dispositifs intra-utérins, par exemple). Dans tous les cas, la vigilance doit être maximale, car ces situations sont des *compromis* bénéfice/risque, dont le rapport doit être périodiquement remis en question.

évolué, dans le but de diminuer les effets secondaires et les accidents. Si les catastrophes cardio-vasculaires des débuts ne se voient plus beaucoup, il ne faut pas oublier que leur potentialité existe toujours et peut être « réveillée » par des circonstances particulières. Ainsi, *HTA et pilule ne font pas bon ménage* et la recommandation qui en découle est très simple : c'est l'arrêt de toute CO… Ce principe est schématique et, s'il faut savoir l'adapter, il ne faut pas trop y déroger et il est important de faire comprendre à la jeune femme les risques courus.

La grossesse

On parle d'HTA de la grossesse lorsque, à deux consultations successives et à n'importe quel moment des neuf mois de gestation, la tension est égale ou supérieure à 140/90 mmHg. Comme la tension baisse de manière naturelle dans les deux derniers trimestres de la grossesse, il ne faut pas attendre d'avoir des chiffres de tension très élevés pour s'alerter et réagir.

L'HTA se manifeste dans 10 à 15 % des grossesses. Elle peut s'associer à une protéinurie (présence de protéines dans les urines) et s'appelle alors *prééclampsie* (ou toxémie gravidique). Elle peut se compliquer en à peine quelques jours :

• d'éclampsie, avec convulsions, coma et risque de mort maternelle ;

• de troubles de coagulation (hémolyse, chute des plaquettes), destruction du foie (cytolyse), constituant le syndrome HELPP ou par CIVD[1] ;

• d'insuffisance rénale.

---

1. Coagulation intravasculaire disséminée.

Ces complications sont dues à une souffrance (ischémie) placentaire.

La prééclampsie est rare (2 % des grossesses) mais peut être gravissime : 30 % des décès maternels et 20 % des décès fœtaux et néonatals y sont liés.

Il existe deux catégories d'HTA durant la grossesse, que l'on distingue selon le stade d'aménorrhée (absence de règles) : schématiquement, avant la vingtième semaine, on parle d'HTA *préexistante* et, après la vingtième semaine, d'HTA *gestationnelle isolée*. Cette HTA particulière est *le symptôme* et non *la cause* de la souffrance placentaire. On comprend que ce soit là, avant tout, l'affaire des médecins obstétriciens et que seul le traitement causal puisse être efficace, c'est-à-dire le retrait du placenta en ischémie et, par conséquent, l'accouchement programmé.

Cette HTA gestationnelle régresse dans les trois mois après la délivrance, habituellement sans traitement particulier. Mais les choses ne sont pas toujours aussi simples. Un tel événement ne doit pas être relégué aux oubliettes car le risque de récidive, lors d'une autre grossesse, est de l'ordre de 70 %. C'est un marqueur de risque cardio-vasculaire indépendant (le risque d'accident coronarien ultérieur est deux fois plus élevé) et, dans un cas sur quatre, l'HTA peut devenir chronique.

Outre le cas particulier de l'éclampsie, des chiffres tensionnels élevés en cours de grossesse justifient des mesures, en respectant la rigueur de deux principes : protéger la mère et ne pas être nocif pour l'enfant. Il est donc nécessaire :

• de proscrire durant la grossesse les régimes trop amaigrissants, les exercices physiques intenses (c'est avant qu'il fallait les faire !) et les régimes sans sel, car il y a un risque pour le développement trophique du fœtus ;

• de prendre des médicaments antihypertenseurs seulement si la tension artérielle dépasse 150/90 mmHg ;

• de modifier au besoin le traitement antérieur de l'HTA pour éliminer les médicaments aux possibles effets tératogènes (donnant des malformations), les diurétiques (risque d'hypotrophie fœtale) ou les médicaments ralentissant trop le rythme cardiaque de la mère et de l'enfant.

Après l'accouchement, il faut encore faire attention, pour plusieurs raisons :

• les médicaments passent dans le lait maternel ;

• un médicament bloquant la lactation peut provoquer de l'HTA ;

• si les chiffres de tension artérielle restent élevés après six semaines, il faut continuer à surveiller, car il s'agit peut-être d'une HTA authentique, démasquée par la grossesse, dont il faudra rechercher la cause et dont la prise en charge est l'affaire du cardiologue.

La ménopause et le traitement hormonal substitutif

En France, la ménopause survient en moyenne vers l'âge de 50 ans. Elle est souvent ressentie au mieux, comme un mauvais moment à passer, au pire, comme la fin de la jeunesse, d'où, parfois, une précipitation vers le traitement hormonal substitutif de la ménopause (THSM).

Initialement paré de toutes les vertus « antiostéoporose », il s'est vu, à partir de 2002, rejeté avec horreur, puisque « cancérogène ». Ces deux qualificatifs ont une réalité et le dernier, enfin reconnu et dévoilé, fut à l'origine d'une effervescence de la presse médicale et des médias grand public. L'agitation concernait aussi la voie d'administration cutanée très – trop ? – longtemps revendiquée, en France, comme étant sans danger. La notion d'un THSM indispensable et anodin n'a pas résisté aux preuves et le débat a eu l'heureux effet de « remettre les pendules à l'heure », de revisiter la « pensée unique » en la matière, de repenser aux carences en vitamine D et de laisser le choix aux femmes.

Voici ce que l'on peut aujourd'hui en dire :

• il existe une augmentation du risque de cancer du sein après cinq années de THSM, quelle que soit la voie d'administration ;

• la prévention contre le risque de déminéralisation osseuse et de fractures est réelle mais ne dure que tant que le THSM est poursuivi ;

• on a maintenant d'autres traitements efficaces contre l'ostéoporose ;

• la prévention cardio-vasculaire par le THSM n'a toujours pas fait la preuve de sa réalité, même si l'absence d'effet « tensiogène » des formes d'administration cutanée a été reconnue[1] ;

• il existe un risque totalement « oublié », celui d'une nette augmentation des maladies thrombo-emboliques (embolie pulmonaire, phlébites…) sous œstro-progestatifs, seuls constituants du THSM, notamment après 60 ans, sans même parler du risque d'HTA, de diabète…

---

1. Recommandations de l'ESH (European Society of Hypertension) et de l'ESC (European Society of Cardiology).

Alors, que faire ? Selon l'Agence française de sécurité sanitaire des produits de santé (Afssaps), l'indication du THSM ne concerne que les symptômes climatériques (bouffées de chaleur, douleurs, sécheresse vaginale), pour les femmes qui le souhaitent, à dose minimale efficace, tant qu'elles en souffrent. Le THSM est totalement contre-indiqué en cas d'antécédents cardio-vasculaires graves. Il peut être accepté chez l'hypertendue à tension et cholestérol équilibrés et surveillés régulièrement.

Si la « nature » a repris le dessus, il ne faut pas non plus que les femmes ménopausées oublient que la nature, c'est aussi ne pas être grosse, ne pas consoler sa « petite dépression » avec les gâteaux, ne pas fumer[1], faire de l'exercice[2], et ne pas penser que l'un compense l'autre. Toutes ces précautions limitent l'ostéoporose et facilitent la correction de l'HTA.

---

1. Fumer une cigarette majore de 5 à 10 mmHg la tension artérielle dans le quart d'heure qui suit.
2. Trente minutes de marche quotidienne font baisser la tension artérielle de 5 à 10 mmHg.

L'hypercholestérolémie

L'excès de cholestérol est reconnu comme un facteur de risque à part entière de la maladie athéromateuse depuis 1978. Seize ans plus tard, la publication d'une grande étude épidémiologique, l'étude 4S[1], ouvre le champ cardiologique à une nouvelle famille de médicaments, les statines, qui constituent une véritable révolution thérapeutique. Elles se révèlent très bénéfiques pour la santé des malades (prévention secondaire), mais aussi des personnes qui ne le sont pas encore (prévention primaire).

Qu'est-ce que le cholestérol ?

Le cholestérol fait partie des graisses (lipides) présentes dans notre organisme, comme les triglycérides et les phospholipides. C'est un constituant essentiel des membranes cellulaires. Il est indispensable à la synthèse et au transport de nombreuses hormones (cortisone, testostérone, œstrogènes…), de la vitamine D (indispensable pour fixer le calcium dans l'os) et c'est aussi l'un des constituants de la bile, fabriquée par le foie. Alors, pourquoi est-il devenu l'ennemi public n° 2, après l'HTA ?

Parce que le cholestérol se déplace dans l'organisme pour assurer ses fonctions et que les deux lipoprotéines qui le transportent ont des effets inverses :

---

1. Scandinavian Simvastatin Survival Study.

• les **lipoprotéines de basse densité** (**LDL**, en anglais *low density lipoproteins*) vont du foie aux organes et vont se loger dans la paroi des artères, participant à la formation de la plaque d'athérome. S'il y en a trop, le processus athéromateux s'accélère et, peu à peu, l'artère s'obstrue (sténose, puis occlusion).

• les **lipoprotéines de haute densité** (**HDL**, en anglais *high density lipoproteins*) font un travail de nettoyage des artères, récupérant le cholestérol qu'elles transportent jusqu'au foie, qui va l'éliminer par la bile.

Évidemment, les mécanismes sont très complexes et, sans doute en raison du danger ressenti, la classification du cholestérol est devenue très simple et très « sentimentale » : il y a le cholestérol transporté par les LDL (LDL-cholestérol ou LDL-C), qualifié de « mauvais cholestérol », qui finit par

---

UN PEU D'HISTOIRE...

C'est le biologiste allemand Adolf Windaus qui, en 1903, commença les recherches sur la structure chimique du cholestérol. Pour ces travaux, il obtint en 1928 le prix Nobel de chimie. En 1914, en Indonésie, le médecin hollandais De Langen attira l'attention sur les relations cliniques entre cholestérol, alimentation et lésions athéromateuses. Joseph L. Goldstein et Michael S. Brown reçurent quant à eux le prix Nobel de médecine pour l'identification du mécanisme responsable de l'hypercholestérolémie autosomique dominante, la définition du mécanisme de régulation du métabolisme du cholestérol (1973) et le rôle des récepteurs des LDL.

Le cholestérol

Composant essentiel des parois cellulaires, entre aussi dans la constitution de nombreuses hormones et de la vitamine D

Il circule sous deux formes :
- le **LDL** cholestérol (le mauvais)
- le **HDL** cholestérol (le bon)

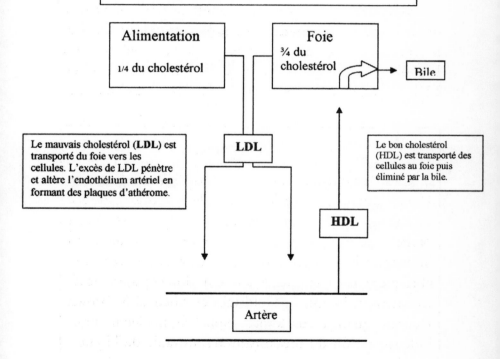

Alimentation	Foie
1/4 du cholestérol	¾ du cholestérol

Bile

Le mauvais cholestérol (**LDL**) est transporté du foie vers les cellules. L'excès de LDL pénètre et altère l'endothélium artériel en formant des plaques d'athérome.

LDL

Le bon cholestérol (HDL) est transporté des cellules au foie puis éliminé par la bile.

HDL

Artère

obstruer les artères et créer des accidents ; et celui transporté par les HDL (HDL-cholestérol ou HDL-C), qualifié de « bon cholestérol », éliminé par l'organisme.

D'où vient le cholestérol ?

Un tiers du cholestérol provient de ce que l'on mange. Les deux autres tiers sont fabriqués par notre organisme, principalement le foie. L'hérédité joue un rôle : on fabrique plus ou moins de « bon » ou de « mauvais » cholestérol, c'est

---

LES TRIGLYCÉRIDES, FACTEUR DE RISQUE ?

Parmi les lipides, il faut faire une place à part aux triglycérides. C'est l'excès de sucre dans le sang qui favorise leur fabrication. Normalement, leur taux dans le sang ne doit pas dépasser 1,5 g/l dans une prise de sang faite chez un sujet à jeun depuis au moins douze heures. Leur place en tant que facteur de risque cardio-vasculaire est controversée. Dans les études épidémiologiques, il ne se dégage pas une forte relation entre leur baisse dans le sang et celle de la mortalité cardio-vasculaire. L'interprétation de leurs chiffres, par le médecin, est fonction du malade qui peut, en outre, souffrir de diabète, d'obésité, être alcoolique ou trop « bon vivant ». Donc, dans la majorité des cas autres que le diabète, l'augmentation des triglycérides reflète surtout les excès alimentaires plus ou moins alcoolisés, tout aussi nocifs pour la santé en général, bien que non estampillés comme véritable facteur de risque. Au demeurant, la persistance de triglycérides élevés dans les prises de sang répétées laisse augurer du faible impact des conseils médicaux.

---

pourquoi le dosage simple du cholestérol total est très insuffisant, ne renseignant pas sur le risque que l'on encourt. Les formes familiales sévères d'hypercholestérolémie, où le rôle génétique est dominant, sont cependant rares : elles concernent seulement trois cent mille personnes en France. Il faut rappeler que l'excès de cholestérol peut être secondaire à certaines maladies comme l'hypothyroïdie, des dysfonctions des surrénales ou hépatiques, voire la contraception orale ou la ménopause. Mais ne nous berçons pas trop d'illusions : l'hypercholestérolémie vient le plus souvent de ce que l'on met dans son assiette !

Comment sait-on que l'on a trop de cholestérol ?

Dans la majorité des cas, le cholestérol ne donne pas de symptômes par lui-même. On peut cependant observer :
• *des xanthomes,* qui sont des dépôts de cholestérol sous la peau, au niveau des tendons de la cheville (surtout le tendon d'Achille) ou des mains ;
• *des xanthélasmas,* qui se présentent sous forme de dépôts jaunâtres sur les paupières.

C'est donc *le dosage dans le sang* (cholestérolémie) qui renseigne à la fois sur l'importance et la nature du cholestérol, « bon ou mauvais ».

Actuellement, le dosage *direct* du LDL-C est encore balbutiant et utilisé dans les services de recherche. En pratique courante, il est déterminé par calcul selon une formule complexe où interviennent les triglycérides.

Le HDL-C se dose directement et devient pathologique (facteur de risque indépendant) quand son taux est inférieur à

0,40 g/l, quel que soit le sexe, même si le taux de cholestérol total n'est pas très élevé. En revanche, un taux de HDL-C supérieur à 0,60 g/l est protecteur. Cet optimisme à propos du « bon » taux de HDL-C va peut-être changer car il vient d'être démontré que, chez le malade coronarien, le HDL-C a perdu son activité antithrombique.

Notion importante à savoir : à niveau équivalent de LDL-C, le risque cardio-vasculaire est encore plus élevé si le HDL-C est bas.

Quels sont les « bons » taux de cholestérol ?

ATTENTION !

Pour la prise de sang, il faut être à jeun depuis douze heures.

D'abord marqueur de risque, le cholestérol est devenu facteur de risque après l'étude 4S qui montrait pour la première fois que la baisse du taux de cholestérol dans le sang faisait baisser la mortalité cardio-vasculaire. Depuis, d'autres études ont affiné les résultats épidémiologiques : la corrélation entre cholestérol et morbi-mortalité est forte pour des *taux élevés de LDL-C* et/ou des *taux bas de HDL-C*. Ainsi, maintenant, le bon taux de cholestérol total, et de ses fractions « bonne » (HDL-C) et « mauvaise » (LDL-C), dépend de ce que l'on pourrait appeler son « niveau de santé », c'est-à-dire :

• a-t-on d'autres facteurs de risque (HTA, diabète, tabac, obésité…) ?

• a-t-on déjà eu un accident cardio-vasculaire ou un équivalent de même signification (menace d'infarctus, accident ischémique transitoire…) ?

Actuellement, l'évaluation du risque a deux marqueurs : le LDL-C trop élevé et le HDL-C trop bas. Mais, pour combattre l'ennemi, la cible thérapeutique est *la baisse du LDL-C* car, pour l'instant, il n'y a pas encore de médicaments assez bien tolérés, utilisés à grande échelle, pour augmenter le taux de HDL-C, et donc pas d'étude apportant des preuves de leur efficacité.

Les recommandations préventives schématiques actuelles pour le taux de LDL-C sont les suivantes :
• en prévention primaire et avant 80 ans, en fonction du nombre de facteurs de risque (FDR) :

0 FDR	LDL-C < 2,20 g/l
1 FDR	LDL-C < 1,90 g/l
2 FDR	LDL-C < 1,60 g/l
3 FDR ou plus	LDL-C < 1,30 g/l
Haut risque	LDL-C < 1 voire 0,70 g/l

• en prévention secondaire (antécédents d'accidents cardio-vasculaires) ou chez les diabétiques[1], le LDL-C doit être inférieur à 1 g/l, voire 0,70 g/l chez les sujets à très haut risque cardio-vasculaire.

Ces chiffres ne sortent pas du chapeau du magicien ! Ils sont le reflet du rapport bénéfices/risques déduit de nombreuses études épidémiologiques d'où il ressort que *plus le taux de LDL-C est bas, plus le risque cardio-vasculaire diminue.*
Mais peut-on effondrer le taux de LDL-C sans risque pour la santé ? Différents arguments suggèrent que oui :

---

1. Voir p. 78.

• Les primates et les mammifères sauvages ont un taux de cholestérol total inférieur à 1,5 g/l et un taux de LDL-C entre 0,5 et 0,75 g/l. On retrouve des taux similaires chez les humains vivant encore à « l'état sauvage[1] ».

Certaines études prospectives[2] ont jeté le trouble en montrant une augmentation de la mortalité *globale*, notamment par cancer, et un sur-risque d'AVC hémorragiques quand le taux de cholestérol était très bas. Mais d'autres études, retenant pourtant les mêmes critères[3], n'ont pas confirmé ces sombres pronostics. Après beaucoup d'autres recherches, on estime finalement que :

• *un taux spontanément bas du cholestérol total n'est que le marqueur d'une maladie sous-jacente,* comme un cancer (prostate, côlon, leucémie, myélome…), un syndrome de

---

EN PRATIQUE

• Un taux bas, voire très bas, de LDL-C, s'il est parfaitement toléré, *ne doit pas* conduire à diminuer (voire arrêter) le traitement chez les malades à risque et haut risque cardio-vasculaire.

• Chez les autres, la cible du taux de LDL-C à atteindre et à maintenir doit être intégrée à l'ensemble de la prévention, toujours dans l'esprit *du rapport bénéfices/risques sur la santé globale,* au cas par cas, en évitant le systématisme et en gardant du bon sens !

---

1. On peut se demander où ils se trouvent… mais les études sont les études !
2. Dont l'étude SEAS, 2008.
3. Étude Jupiter, essai thérapeutique contrôlé, 2008.

malabsorption (maladie cœliaque, insuffisance pancréatique exocrine, parasitose…), une pathologie thyroïdienne ou une prédisposition génétique… ou bien encore la démonstration d'une diététique « parfaite » ;

• *le bénéfice acquis sur la prévention de l'AVC* (le nombre total en est diminué) l'emporte très largement sur la potentialité de son sur-risque hémorragique.

L'excès de cholestérol dans le sang entraîne la réduction du diamètre de la lumière[1] de toutes les artères, à des degrés divers, chez un même individu, puisque le cholestérol participe à la plaque d'athérome. Les conséquences, quand elles ne sont pas mortelles précocement, vont fortement gâcher la qualité de vie : infarctus, AVC, artérite des membres inférieurs… Cette redite intentionnelle vise à montrer qu'il ne sert à rien de faire « un peu » – on se leurre, c'est tout –, mais qu'il faut faire le maximum pour avoir un LDL-C bas : sa diminution de 10 % peut faire éviter un accident cardiaque sur cinq.

Traitement de l'excès de cholestérol

La base du traitement doit toujours être diététique, puisque c'est efficace et que cela permet de diminuer les doses de médicaments hypocholestérolémiants. « *Diététique* » n'est *pas synonyme d'« alimentaire* » : à l'amélioration de la qualité alimentaire, qui peut faire baisser de 15 % le taux de cholestérol, il faut en effet ajouter l'activité physique, dont l'une des vertus est de favoriser le « bon » cholestérol.

---

1. Espace dans lequel le sang circule.

L'alimentation « anticholestérol »

L'alimentation est « bonne » pour le cholestérol sanguin quand elle limite les apports en *acides gras saturés* et qu'elle les remplace par *les acides gras mono- et polyinsaturés*. Ça y est, les « gros mots » sont lâchés mais on n'en sait guère plus… même si tout baigne dans l'huile !

Concrètement, dans nos assiettes, il faut :

• *limiter les acides gras « saturés »* : fromages, beurre, crème fraîche, viandes grasses (agneau, porc, bœuf), pâtisseries, viennoiseries, glaces, produits industriels (crèmes desserts, plats cuisinés, sauces toutes faites…) ;

• *favoriser les produits laitiers allégés en graisses* : yaourts nature, lait demi-écrémé et écrémé ;

• *favoriser les graisses mono- et polyinsaturées* : huiles (d'olive, de colza, de tournesol), poissons – tous, même les poissons gras comme les sardines, les harengs, frais ou épongés de leur huile ;

• *limiter les aliments riches en cholestérol* : charcuterie, lard, bacon, œufs, crustacés ;

• *utiliser des produits enrichis en phytostérols* (le cholestérol végétal), qui font baisser le cholestérol : Danacol, Fruit d'Or pro-activ. Mais attention à la quantité d'autres graisses associées : ces produits doivent les remplacer et non s'y ajouter !

• *utiliser des produits riches en acides gras polyinsaturés comme les oméga 3,* sans action sur le cholestérol mais bons pour le système cardio-vasculaire.

Cette hygiène alimentaire est assez bien résumée par *le régime crétois ou méditerranéen,* qui associe beaucoup de graines de céréales, des fruits, des légumes, beaucoup de poissons, très peu de viande, pas de charcuterie. Les graisses sont végétales (olives, pépins de raisin, colza), il y a très peu de beurre, crèmes, fromages et un peu de vin. Enfin, il faut y ajouter le soleil, la proximité de la mer, l'absence de grandes prairies à vaches bien grasses, et un certain art de vivre.

QUELQUES ALIMENTS
QUI FONT BAISSER LE CHOLESTÉROL

• Les pommes : de deux à trois par jour en fruit frais (les compotes et gelées sont trop riches en sucre).
• Les noix, les amandes, les pistaches : il en faut de grandes quantités, donc attention aux calories et à ce qu'elles ne soient pas salées.
• Le soja : légumineuse riche en protéines végétales, en bonnes graisses polyinsaturées et en oméga 3 : 25 g/jour font baisser le LDL-C de 10 %.
• L'avoine : la seule céréale qui fasse baisser le cholestérol. Il faut en consommer beaucoup.
• L'ail.

Mais attention ! La façon dont on cuisine est primordiale : cela ne sert à rien de manger du poisson noyé sous la sauce, de tout faire rissoler dans l'huile, même si c'est une huile de colza, de manger des pommes en beignets frits, des salades mêlées de mayonnaise, etc. Il faut au contraire favoriser la cuisson à la vapeur, en papillotes, au grill, dans des poêles, des cocottes… à fond antiadhésif.

Si l'on a beaucoup de mauvais cholestérol et/ou si l'on a déjà eu un accident cardiaque ou vasculaire et/ou si l'on est diabétique, il est préférable d'éliminer le plus souvent possible les aliments néfastes au quotidien, quitte à s'autoriser quelques incartades lors de festivités. Enfin, préférez très peu de « vrai » à beaucoup d'« allégé ». Par exemple, le beurre : il contient 33 % d'acides gras monoinsaturés (dont l'acide oléique) et polyinsaturés (oméga 3 et oméga 6), des acides gras saturés pas trop mauvais (acide myristique et acide stéarique), et il apporte des vitamines A et D. C'est donc un bon compromis de prévention primaire si on le consomme frais (pas frit ni rissolé) et sans excès : une noisette de beurre, c'est 10 g et 74 kcal.

Dans tous les cas, rappelez-vous que l'excès de cholestérol n'est pas un facteur de risque isolé et qu'il faut aussi ne pas être obèse (diminuons déjà les portions), ne pas fumer et marcher au moins trente minutes par jour, ce qui augmente le « bon cholestérol ».

Les médicaments hypocholestérolémiants

Il existe cinq familles de médicaments.

• *Les fibrates* : ce sont les plus anciens, ils agissent sur toutes les fractions lipidiques (surtout les triglycérides) et gardent un intérêt chez certains diabétiques. La preuve de leur efficacité sur la réduction de la morbi-mortalité reste floue.

• *Les statines* : leur action essentielle est de diminuer la synthèse de cholestérol par le foie, et principalement de diminuer le taux de LDL-C (le « mauvais » cholestérol). Ce sont les statines qui ont le plus démontré la relation positive entre la baisse du LDL-C et celle de la mortalité d'origine cardio-vasculaire en prévention primaire et secondaire.

Cette relation essentielle a créé une petite révolution dans le traitement des facteurs de risque, puisque l'action des statines ne se limite pas à faire baisser le taux de cholestérol.

Dans les années qui viennent, on en apprendra certainement davantage sur leurs effets sur la paroi artérielle. De ce fait, les recommandations des sociétés savantes rendent en principe « obligatoire » ce traitement *en prévention secondaire*, en sachant que les doses *doivent* atteindre la cible recherchée, c'est-à-dire un LDL-C inférieur à 1 g/l.

Les statines sont donc à privilégier avec cependant un petit bémol : leur tolérance peut être mauvaise, en raison de la survenue de douleurs musculaires, souvent aggravées par l'absorption conjointe de pamplemousse. Mais avant de les arrêter, c'est-à-dire de priver le malade d'un grand pan d'une prévention qui a fait ses preuves, il faut savoir changer de molécule, diminuer les doses, leur associer un autre médicament…

• *Les dérivés nicotiniques* : ils sont très intéressants, puisqu'ils diminuent le LDL-C mais surtout permettent aussi d'augmenter le taux de HDL-C (« l'éboueur », le « bon » cholestérol) dans des proportions significatives de 16 à 26 %. Mais les espoirs qu'ils ont suscités sont en berne car ils sont assez mal tolérés par les patients.

• *Les résines échangeuses d'ions* : elles fixent, dans l'intestin, les acides biliaires, contenant du cholestérol, en un complexe insoluble éliminé par les selles. Elles sont utiles seules, quand les autres médicaments sont mal tolérés. Elles doivent être prises à distance des autres traitements en raison des risques d'interférence.

• *Dernière classe récente, l'ézétimibe*, qui inhibe de façon sélective l'absorption intestinale du cholestérol et des phytostérols apparentés. L'apport au foie du cholestérol est donc diminué.

Obtenir un taux bas (inférieur à 1 g/l), voire très bas (inférieur à 0,70 g/l) de LDL-C, n'est pas chose aisée, d'autant qu'il y a souvent des intolérances, principalement des douleurs musculaires. Aussi faut-il souvent :

• revérifier les qualités du régime alimentaire et de l'activité physique très souvent retournés au stade de désir sans réalités concrètes ; les médicaments n'en dispensent pas.

• associer les médicaments entre eux, mais surtout pas n'importe comment :

— l'association *fibrates* + *statines* n'est faite que dans de très rares cas, car elle comporte de gros risques de destructions musculaires (rabdomyolyse) mortelle ;

— l'association « astucieuse » *statines* + *acide nicotinique* est très limitée par les intolérances aux doses utilisées actuellement ;

— l'association *statines* + *ézétimibe* est la plus fréquente, sous la forme des deux médicaments ou un seul (comprimé regroupant les deux). Cette association est efficace pour atteindre beaucoup de cibles avec des effets secondaires nuls ou tolérables.

Le diabète

Le diabète dit « sucré » est une maladie chronique, définie par l'excès de sucre (glucose) dans le sang, dû à des anomalies dans la sécrétion et/ou l'action de *l'insuline*. L'insuline est une hormone produite par des cellules particulières du pancréas formant les îlots de Langerhans. En aidant les cellules à absorber le glucose du sang, elle joue un rôle de régulation du taux de sucre dans le sang (glycémie).

Normalement, la glycémie à jeun se situe entre 0,70 et 1,09 g/l. Après un repas (glycémie post-prandiale), le taux normal ne doit pas dépasser 1,40 g/l. Il y a diabète quand, à deux ou trois reprises successives, la glycémie à jeun est égale ou supérieure à 1,26 g/l.

HYPERGLYCÉMIE, HYPOGLYCÉMIE...

Quand la glycémie est supérieure ou égale à 1,10 g/l, on parle d'hyperglycémie. Quand elle est inférieure à 0,70 g/l, on parle d'hypoglycémie.

On distingue deux principaux types de diabètes sucrés :

• *Le diabète de type 1 ou insulino-dépendant* : c'est une *maladie auto-immune* qui apparaît quand trop de cellules des îlots de Langerhans sont détruites et que la sécrétion d'insuline devient insuffisante. Il peut apparaître à un âge très jeune et est définitif. Sa correction ne repose que sur des injections d'insuline.

• *Le diabète de type 2 ou insulino-résistant, dit « diabète gras »* : cette forme de diabète se constate en général après 40 ans, chez des sujets trop gros. Dans ce diabète, il y a une résistance à l'insuline, qui ne joue plus son rôle régulateur. Il en résulte une augmentation de la glycémie. Pour la diminuer, les îlots de Langerhans n'ont qu'une solution : augmenter leur sécrétion d'insuline. Quand ils ne le peuvent plus, l'hyperglycémie ne peut plus être « traitée ». Cela explique l'intérêt de réduire les sucres « rapides » de l'alimentation et de maigrir.

On peut en outre isoler deux autres formes particulières de diabètes :

• *Le diabète gestationnel,* survenant dans 2 % des grossesses, au cours du deuxième ou troisième trimestre. Même s'il disparaît après l'accouchement, plus de la moitié des femmes qui ont eu ce problème développeront un diabète de type 2 dans les quinze ans qui suivent.

• *Le diabète secondaire,* dû à la destruction partielle ou totale du pancréas par pancréatite, par chirurgie ou par l'action de certains médicaments.

Le diabète sucré touche plus de deux millions et demi de personnes en France, et sévit à 92 % sous sa forme de type 2. Le diabète aggrave le risque cardio-vasculaire, multiplié par quatre chez les femmes et par deux chez les hommes. Autre fléau à venir, plus de dix mille enfants de moins de

15 ans sont diabétiques et, chez eux, la fréquence du type 2 commence à augmenter avec l'obésité. On voit donc qu'il faut essayer d'agir précocement.

UN DIABÈTE, DES DIABÈTES

Le mot diabète vient du grec *diabaïnein*, « passer à travers ». L'appellation « diabète sucré » vient du temps où les médecins goûtaient les urines de leurs malades qui avaient une polyurie (émission de fortes quantités d'urine), évoquant un diabète : si les urines étaient « sucrées », c'était un diabète en rapport avec le sucre et le pancréas endogène ; si elles étaient « insipides », c'était un diabète en rapport avec l'eau et le manque de sécrétion d'hormone antidiurétique par la post-hypophyse. Autre diabète, le diabète « bronzé », ou hémochromatose, est lié à la surcharge en fer des cellules.

Comment dépiste-t-on le diabète ?

Il peut se manifester :

• tantôt, par des *signes cliniques évocateurs* : soif intense, mictions urinaires fréquentes et abondantes, amaigrissement sans perte d'appétit, somnolences, muqueuses et peau sèches, vision floue, infections plus fréquentes.

• tantôt, par des *complications*, malheureusement encore trop fréquentes.

La glycémie peut en effet être élevée pendant longtemps sans donner de symptômes, mais avec le même pouvoir de nuisance sur les vaisseaux artériels et donc sur de nombreux organes.

Il ne faut donc pas attendre les symptômes, bien trop tardifs, et encore moins les complications pour dépister le diabète. Ce sont les examens de laboratoire réalisés dans l'intention d'un dépistage précoce qui confirment le diabète, quand :

• la glycémie est égale ou supérieure à 2 g/l sur un prélèvement fait à n'importe quel moment de la journée ;

• la glycémie à jeun est égale ou supérieure à 1,26 g/l à deux examens successifs ;

• la glycémie, deux heures après une dose de charge en glucose[1], est supérieure à 1,80 g/l.

Le dosage de *l'hémoglobine glyquée* (ou HbA1C) n'est pas véritablement un test à visée diagnostique : un résultat normal n'exclut pas une intolérance au glucose, qui peut évoluer en diabète de type 2. En revanche, c'est un excellent indicateur du *contrôle* et de *l'efficacité du traitement* hypoglycémiant.

Le sucre et *l'albumine*, dosés dans les urines, n'ont pas de signification diagnostique mais déterminent *le degré de gravité* de la maladie et peuvent préjuger du devenir de la fonction rénale.

Conséquences du diabète

Le diabète aggrave l'athérosclérose mais, à l'heure actuelle, il semble qu'il faille davantage incriminer le rôle nocif de l'hyperglycémie comme facteur de *sclérose artérielle*

---

1. Le sujet absorbe une certaine quantité de glucose en fonction de son poids.

(durcissement des parois artérielles) que comme acteur du processus strictement athéromateux.

L'action délétère du diabète sur les artères crée *des lésions vasculaires diffuses* que l'on sépare en *micro-angiopathies*, qui abîment les petites artères, et *macro-angiopathies*, qui affectent les grosses artères.

Les diabétiques meurent plus précocement et plus souvent de maladies cardio-vasculaires – le diabète augmentant de façon indépendante le risque cardio-vasculaire[1] – et d'insuffisance rénale terminale.

Les micro-angiopathies

Elles s'installent à bas bruit sans symptômes.

• Au niveau des yeux, *la rétinopathie* : la détérioration des vaisseaux sanguins de la rétine peut aboutir à la cécité.

• Au niveau des nerfs, *la neuropathie* : on marche avec beaucoup de difficultés, avec de curieuses sensations.

• Au niveau du rein, *la néphropathie* : elle survient dans 40 % des cas, avec des risques d'insuffisance rénale terminale (10 % des cas), de devoir subir une hémodialyse régulière (1/3 des malades dialysés sont diabétiques) et des cancers (37 %).

Les macro-angiopathies

• Au niveau du cœur, *la maladie coronarienne* : c'est la principale cause de décès des adultes européens diabétiques

---

1. Le risque de décès par coronaropathie est deux fois plus grand chez l'homme diabétique que chez l'homme non diabétique, trois fois chez la femme.

(60 % des cas). L'homme diabétique fait deux fois plus d'infarctus du myocarde que le non-diabétique, et la femme diabétique trois fois plus, sans que l'on sache bien expliquer cette différence. À la phase aiguë, c'est-à-dire les premiers jours, ces infarctus sont deux fois plus mortels ; les lésions coronariennes sont plus sévères, plus diffuses, le diabétique fait plus facilement des infarctus silencieux, c'est-à-dire sans aucun symptôme ; les sténoses d'endoprothèses (ou stents, voir le chapitre 2, p. 131) sont plus fréquentes et l'insuffisance cardiaque (détérioration de la pompe) n'est pas toujours, chez le diabétique, secondaire à des lésions coronariennes.

• Au niveau du cerveau, *les AVC* : ils sont plus fréquents et plus graves chez les diabétiques.

• Au niveau des jambes, *l'artérite des membres inférieurs* ou *artériopathie oblitérante des membres inférieurs (AOMI)* est quatre à cinq fois plus fréquente : 50 % des amputés sont diabétiques.

D'autres maladies et/ou facteurs de risque associés (appelés comorbidités) aggravent encore plus ces lésions artérielles : l'HTA, l'hypercholestérolémie, l'obésité, la sédentarité, etc.

Ce tableau d'épouvante a une forte réalité, même si le sujet ne fait pas toutes les complications, ou toutes en même temps. On peut ainsi estimer que *tous les diabétiques sont des malades à haut risque cardio-vasculaire* (après 40 ans), ce qui signifie que la prévention, dès le stade primaire, doit être solide, complète, stricte et vérifiée périodiquement selon les recommandations des sociétés savantes américaines et européennes. En

France, l'épidémiologie tend à montrer que le risque vasculaire reste modéré chez les diabétiques âgés de moins de 40 ans, ce qui peut éventuellement atténuer l'agressivité de la prévention. On ne peut donc qu'insister sur l'intérêt et la nécessité du dépistage précoce du diabète et de ses complications. Le diabète fait partie des grands problèmes de santé publique.

Les traitements

Ils ont davantage progressé lors de ces dix dernières années qu'au cours des vingt années précédentes, pour plusieurs raisons : on comprend mieux les mécanismes du diabète, on a de nouveaux médicaments, le diabète n'est plus isolé des autres causes de morbi-mortalité. Il ne peut se résumer à un problème de sucre mais doit être perçu comme un problème portant sur la santé globale.

Évidemment, tout n'est pas réglé, mais les règles de « bonne conduite » en matière de stratégie thérapeutique sont de mieux en mieux établies, sur des preuves, et sont donc plus facilement applicables d'un commun accord entre les cardiologues et les diabétologues.

Le contrôle glycémique, ou le maintien des glycémies dans des normes

Jusqu'en 2000, les recommandations prônaient un contrôle agressif de la glycémie (« plus tôt, plus fort ») pour tout le monde, afin de retrouver des glycémies à jeun normales. Mais « l'hypercontrôle glycémique » s'est révélé potentiellement délétère par des hypoglycémies inhérentes au traitement, et pouvant être en rapport avec des morts subites. Même si ces problèmes sont encore mal définis, il est bien établi que plus le traitement agressif est institué tardivement, moins le bénéfice est probant. Par ailleurs, aucune étude n'a encore apporté un niveau de preuves suffisant (réduction de la mortalité) pour cette stratégie thérapeutique agressive.

Les recommandations actuelles des trois grandes sociétés savantes[1] sont claires : le traitement du diabète doit être modulé en fonction de l'âge du diabète (ancienneté), de l'âge du malade, du degré de complications et de comorbidités :

• Traitement agressif si l'on est dans la phase *précoce*, car son efficacité est prouvée sur les complications microvasculaires et neuropathiques, chez les sujets diabétiques de type 1 et de type 2 : une diminution de 1 % d'HbA1C est associée à une diminution de 25 % du risque de complications microvasculaires.

• Différence de stratégie entre diabète *débutant* et diabète *avancé*, en tenant compte des risques cardio-vasculaires de l'hypoglycémie :
– La référence pour le diabète de type 1 est *l'insulinothérapie*, avec *diététique* appropriée, visant une cible d'HbA1C inférieure à 7 % et pour laquelle les épisodes d'hypoglycémie sont rares.
– Pour les diabètes de type 2 récents (vers 50-60 ans), le but est d'éviter la micro-angiopathie en utilisant *les médicaments hypoglycémiants oraux* et le *contrôle alimentaire* pour obtenir une HbA1C inférieure à 6,5 %. L'insuline peut

---

1. Le sujet absorbe une certaine quantité de glucose en fonction de son poids.

devenir indispensable quand sa production pancréatique est devenue trop insuffisante.

– Peu à peu, l'âge du diabète et du malade progressant, avec plus ou moins de complications, on cherchera à obtenir une HbA1C inférieure à 7 %, puis à 7,5 %. Cette stratégie d'élargissement de la fourchette de tolérance du contrôle glycémique n'est pas un abandon de la lutte. La raison en est qu'au stade de lésions macrovasculaires, ce n'est pas le contrôle glycémique qui fait baisser la morbi-mortalité cardio-vasculaire, mais celui du contrôle lipidique et de l'HTA.

Le rôle de l'alimentation

Équilibrée et variée, l'alimentation prend une grande part dans le succès du contrôle glycémique et dans la tolérance des médicaments. Il faut éviter les trop fortes fluctuations de l'alimentation, avec, par exemple, des excès protéiques un jour et des excès glucidiques le lendemain.

Pour le diabétique de type 1, la contrainte est d'évaluer la quantité de glucides ingérée afin d'adapter la quantité adéquate d'insuline à injecter, de respecter une certaine régularité dans l'alimentation et les efforts physiques, et d'éviter les collations trop sucrées.

Pour le diabétique de type 2, le plus souvent en surpoids ou obèse, la contrainte portera surtout sur la nécessité de limiter les graisses, le maintien d'une activité physique régulière et l'abandon des aliments à index glycémique élevé. Tous les aliments glucidiques augmentent la glycémie, mais plus ou moins, selon le type et selon la préparation : c'est l'index glycémique. À titre indicatif et par ordre décroissant :

• *index élevé* : dattes, soda, purée de pommes de terre, frites, cornflakes, pain, riz blanc, viennoiseries ;

- *index moyen* : pommes de terre bouillies, riz complet, pâtes, poires, pommes, raisin, oranges, yaourts ;
- *index faible* : lentilles, haricots blancs, soja.

Sachons, de surcroît, qu'il existe une part de susceptibilité individuelle vis-à-vis des aliments, et que la nature de la cuisson, la place et le moment de l'aliment dans le repas interviennent beaucoup. Par exemple, un fruit cru pris en fin de repas modifie peu la glycémie, à l'inverse d'une compote prise au goûter.

Il faut donc trois repas par jour, suffisamment copieux pour éviter d'avoir faim dans l'intervalle, et qui associent :

- *des hydrates de carbone* mais quasi uniquement les sucres complexes contenus dans les féculents (pâtes, riz, blé, orge, seigle, semoule, pommes de terre bouillies, manioc, légumes secs, lentilles, haricots rouges, flageolets…) ;
- mélangés à *des légumes verts* ;
- avec de préférence *du poisson* ou *une viande plutôt maigre* ou *deux œufs* (de façon plus rare, s'il existe une hypercholestérolémie surajoutée) ;
- pour le dessert, *un fruit cru, un laitage* ou *un fromage* (en faible quantité en cas d'hypercholestérolémie ou d'HTA).

Enfin, et surtout, la cuisine doit être « légère » : portions adaptées (il faut savoir remettre en question les « normes » familiales), aliments non rissolés, très peu de graisses, sans ajout de sucre, en buvant principalement de l'eau plate non salée (éviter les sodas, la bière et le vin, qui apportent sucres et calories), sans fumer et en n'oubliant pas l'activité physique.

Le rôle de l'exercice physique

Il est extrêmement bénéfique pour le diabétique, car il aide à réduire l'obésité abdominale, à améliorer la glycémie (les muscles sont de gros consommateurs de sucre), la tension et le bon cholestérol (HDL-C).

Quelques précautions alimentaires sont indispensables avant un sport soutenu (ration alimentaire suffisante en glucides complexes), et il faut surtout s'assurer du « feu vert » de son médecin, si possible renseigné par un test d'effort ne révélant pas de pathologie coronarienne silencieuse ni d'HTA insuffisamment contrôlée.

Les médicaments

Depuis dix ans, les traitements médicamenteux ont beaucoup évolué.

Dans le diabète de type 1, le traitement consiste en un apport d'*insuline* par injections sous-cutanées, quotidiennes et souvent multiples. C'est une contrainte importante, mais le confort du diabétique a été amélioré, avec des piqûres moins douloureuses et des appareils de contrôle de la glycémie au doigt miniaturisés, d'usage aisé et de plus en plus fiables.

Dans le diabète de type 2, le choix du *médicament hypoglycémiant* dépend des valeurs constatées d'hyperglycémie post-prandiale, d'hyperglycémie à jeun, de l'appréciation de la résistance à l'insuline ou de la déficience en insuline.

Les médicaments, quels qu'ils soient, peuvent être à l'origine d'effets indésirables qu'il est nécessaire de reconsidérer à chaque consultation. Dans tous les cas, même en prévention primaire, il faut définir le niveau de risque cardio-vasculaire. En fonction de ce niveau, la prescription conjointe d'autres traitements peut s'imposer :

• pour faire baisser le taux de *LDL-C* en dessous de 1 g/l, surtout s'il y a d'autres facteurs de risque associés. Le choix s'oriente alors le plus souvent vers les statines ;

• pour traiter de façon optimale une *HTA : les chiffres chez le diabétique doivent être à 120/80 mmHg.* Toutes les classes de médicaments peuvent être prescrites en se méfiant des bêtabloquants s'il y a des hypoglycémies[1], en se méfiant des diurétiques à forte dose[2] et en privilégiant les classes qui améliorent la fonction rénale ;

• pour abaisser la *microalbuminurie,* afin de prévenir la maladie rénale. On utilise le plus souvent des inhibiteurs de l'enzyme de conversion (IEC) ou des antagonistes des récepteurs de l'angiotensine (ARA2) ;

• pour limiter la *rétinopathie.* Jusqu'à présent, un seul médicament antihypertenseur a montré une amélioration, mais à forte dose.

Le diabétique doit être dépisté très tôt, son niveau de risque cardio-vasculaire doit être évalué périodiquement et, avant les symptômes, ce sont les complications micro- et macrovasculaires que l'on doit rechercher. C'est donc un sujet qui requiert une surveillance très médicalisée, de tous les instants.

Certes, le diabète est une lourde charge de santé publique, sur le plan économique, non pas tant par les coûts de son traitement ou de sa prise en charge que par ceux de ses complications. Les coûts sont en effet respectivement

---

1. Dont la perception est retardée et qui sont donc plus sévères.
2. Déshydratation, risque d'hyperglycémie brutale, massive, mortelle.

multipliés par 1,7, 2 et 3,5, selon que le malade a des complications microvasculaires, macrovasculaires ou les deux à la fois.

En matière de diabète, le vieil adage « Il vaut mieux prévenir que guérir » doit devenir *une règle de vie*. C'est pourquoi il faut faire de l'exercice physique à tout âge et lutter contre ce phénomène actuel et croissant qu'est l'obésité des enfants, qui va faire le lit du diabète.

Le tabagisme

Si les méfaits du tabagisme sur la santé des fumeurs sont bien connus depuis plusieurs décennies, leur prise en compte dans notre vie quotidienne ne s'est concrétisée que très récemment : l'arrêt du tabagisme est enfin passé du stade de simple recommandation médicale à celui de problème de santé publique, surtout quand la preuve a été faite que les mêmes méfaits atteignaient aussi des personnes ne fumant pas. Le tabagisme passif serait à l'origine de 5 000 décès par an en France.

Le risque cardio-vasculaire d'une personne soumise au tabagisme passif est comparable à celui du fumeur de 1 à 9 cigarettes par jour. Après des mesures prises de façon un peu éparpillée aux États-Unis, en Italie, en Écosse, en Irlande, à partir de 2002, la France a elle aussi opté pour l'interdiction de fumer :

• dans les lieux publics (entreprises, administrations, lieux d'enseignement, établissements de soins), par décret du 15 novembre 2006, appliqué le 1er février 2007 ;

QUI FUME ?

Le tabagisme masculin, longtemps prépondérant, cède peu à peu du terrain face au tabagisme féminin. L'association pilule contraceptive et tabac, qui peut avoir des conséquences dramatiques, ne fait pas très peur. L'initiation au tabac se fait de plus en plus jeune, en moyenne à 13-14 ans.

• puis dans les cafés, restaurants, hôtels, discothèques, casinos, etc., au 1ᵉʳ janvier 2008.

Pourquoi s'acharner contre le tabac ?

Trois raisons radicales justifient de maintenir la pression pour dissuader de fumer : le tabac tue, le tabac handicape et le tabac détériore.

Le tabac tue

• En premier lieu, par *les maladies cardio-vasculaires* qu'il favorise. Il est impliqué dans 40 % des décès chez l'homme, 11 % chez la femme. Il altère la paroi vasculaire (dysfonction endothéliale), active l'agrégation des plaquettes, l'inflammation, et tout est là pour boucher l'artère. Et, un jour, c'est l'accident aigu !

• Par les *cancers* : les goudrons et le monoxyde de carbone (CO) véhiculés par le tabac favorisent un grand nombre de cancers (poumon, langue, gorge, œsophage, pancréas, vessie…).

Le tabac handicape

• Par *les séquelles d'accidents vasculaires aigus* qu'il provoque : séquelles d'infarctus, insuffisance cardiaque, et AVC (paralysies) ; et, si l'on y survit, par l'artérite des membres inférieurs, qui limite la marche et donc les déplacements autonomes.

• Par *la bronchite chronique obstructive* : on ne peut pas faire trois pas sans tousser… Le tabac détériore de plus en plus d'alvéoles pulmonaires, l'oxygène pénètre de plus en plus mal, on devient tout maigre, tout gris et très vite essoufflé… et c'est bientôt la bouteille à oxygène à demeure.

• Par la *dépendance* qu'il induit : le tabac est une drogue. La nicotine y joue un grand rôle, ainsi que des tas de substances ajoutées par les fabricants pour augmenter l'addiction.

Le tabac détériore

• Les gencives, entraînant par conséquence un déchaussement des dents.

• La peau, dont le vieillissement est accéléré.

• Il réduit la fertilité, nuit au développement de l'enfant avant et après sa naissance.

L'OMS estime qu'*un fumeur perd vingt années de vie en bonne santé*. Dans le domaine cardio-vasculaire, *il n'y a pas de petits fumeurs*, puisque des consommations dites « faibles ou négligeables », de une à cinq cigarettes par jour, entraînent les mêmes risques : trois fois plus d'accidents coronariens[1] et beaucoup de catastrophes chez la femme enceinte, pour elle-même et le bébé. Et les sanctions sont identiques en cas de tabagisme passif.

Pour réduire le risque, il n'y a donc qu'une seule solution : ne jamais fumer !

L'arrêt du tabac est-il bénéfique ?

La réponse est un très grand oui ! Pourquoi ? Avant tout, parce que le risque de morbidité et de mortalité décroît progressivement après l'arrêt du tabac. Mais aussi parce que le mieux-être se pérennise jour après jour, avec une qualité de vie qui s'améliore. Les étapes en sont résumées ci-dessous[2] :

---

1. Étude d'Oslo présentée à l'ESC en septembre 2009.
2. Source : INPES.

Temps écoulé depuis la dernière cigarette	Effet
20 minutes	La pression sanguine et les pulsations cardiaques se normalisent.
8 heures	La quantité de monoxyde de carbone diminue de moitié dans le sang. La teneur en oxygène du sang se normalise.
24 heures	Le risque d'infarctus du myocarde a déjà diminué. La nicotine est éliminée.
48 heures	Le goût et l'odorat s'améliorent. Les terminaisons gustatives se régénèrent.
72 heures	La respiration est plus facile.
De 2 semaines à 3 mois	La toux et la fatigue diminuent. Le souffle revient. On se sent plus énergique. La marche est plus facile.
De 1 à 9 mois	Les cils bronchiques repoussent. Le souffle s'améliore encore.
1 an	Le risque d'infarctus du myocarde a diminué de moitié et le risque d'AVC a rejoint celui du non-fumeur.
5 ans	Le risque de cancer du poumon a presque diminué de moitié.
De 10 à 15 ans	L'espérance de vie redevient identique à celle des personnes n'ayant jamais fumé.

À noter aussi : un sevrage tabagique effectué complètement, entre six et huit semaines avant une intervention divise par trois le risque de complications pré- et postopératoires.

La désintoxication est un processus long et difficile. L'idéal serait de ne pas commencer du tout, mais pour qu'un tel rêve devienne réalité, il faudrait déjà que ceux qui fument s'arrêtent !

COMMENT ARRÊTER DE FUMER ?

L'arrêt de la cigarette est paradoxalement le souhait, jamais réalisé, de 75 % des fumeurs. La fréquence des échecs témoigne bien de la difficulté de l'entreprise, tant peut être grande la dépendance physique et psychique au tabac. Le test de Fagerström, ci-dessous, en donne un aperçu.

Combien de temps après votre réveil fumez-vous votre première cigarette ?
- dans les 5 minutes _____ 3
- de 6 à 30 minutes _____ 2
- de 31 à 60 minutes _____ 1
- après 60 minutes _____ 0

Trouvez-vous difficile de vous abstenir de fumer dans les endroits où c'est interdit ?
- oui _____ 1
- non _____ 0

À quelle cigarette de la journée vous serait-il le plus difficile de renoncer ?
- la première _____ 1
- n'importe quelle autre _____ 0

Combien de cigarettes fumez-vous chaque jour ?
- 10 ou moins _____ 0
- 11 à 20 _____ 1
- 21 à 30 _____ 2
- 31 ou plus _____ 3

Fumez-vous à un rythme plus soutenu le matin que l'après-midi ?
- oui_____ 1
- non _____ 0

Fumez-vous lorsque vous êtes si malade que vous devez rester au lit toute la journée ?
- oui_____ 1
- non _____ 0

Résultats

De 0 à 2 points : pas de dépendance à la nicotine.
3 ou 4 points : dépendance faible.
5 ou 6 points : dépendance moyenne.
7 ou 8 points : dépendance forte.
9 ou 10 points : très forte dépendance.

Le succès, c'est-à-dire l'arrêt *définitif,* n'est au rendez-vous que s'il y a *une (ou des) motivation(s) et que le sujet prend son temps.* Le but est que cela soit définitif, même si cela prend six mois, voire plus. Il est important de noter que les essais répétés augmentent les chances de succès et que, durant ces pauses tabagiques, on regagne un tout petit peu de santé. Il ne faut donc pas baisser les bras, fumer n'est pas une fatalité !

Les motivations pour arrêter sont très diverses. Chacun a les siennes mais on sait que les motivations opportunistes, comme la peur (après avoir vu des images affreuses de cancers, etc.) ou la nécessité (on vient de faire un accident) sont rarement durables. On comprend bien la nécessité d'un minimum « d'introspection » sur soi-même pour réussir à se libérer des entraves de l'addiction et ne pas trouver tout un tas de mauvaises excuses.

La contre-motivation habituelle, très souvent féminine, est la *prise de poids*. À l'arrêt du tabagisme, elle est d'environ de trois à quatre kilos dans l'année qui suit le sevrage, puis elle diminue les années suivantes. L'IMC (indice de masse corporelle) du fumeur étant inférieur à celui du non-fumeur, l'hypothèse est que l'on « rattraperait » le poids qui correspond à son âge et son patrimoine génétique. Quand la prise de poids dépasse les cinq-six kilos, c'est que l'on a dû céder à des compensations, notamment *les compensations sucrées* : les circuits cérébraux de la récompense liés à la cigarette se reportent sur ceux liés à la récompense par le goût sucré. Les envies impérieuses de fumer se transforment en envies impérieuses de sucré, mais leur fréquence va aller en s'amenuisant. Plus l'abstinence se prolonge, moins drastiques sont les efforts à fournir pour ne pas grossir.

D'autres mécanismes interviennent dans la prise de poids : les dépenses énergétiques sont diminuées puisqu'il n'y a plus l'effet « catécholaminergique » du tabac, c'est-à-dire son rôle de brûleur de calories. L'appétit augmente avec le retour du goût et de l'odorat, l'activité physique peut diminuer.

L'incitation à l'arrêt du tabagisme concerne tout le monde. En effet, l'idée reçue que l'arrêt du tabagisme peut déstabiliser des sujets déprimés, anxieux, voire bipolaires ou psychotiques[1], a été radicalement balayée par le décret d'interdiction de fumer dans les services de psychiatrie. Le sevrage tabagique est donc aussi préconisé dans cette population, en

---

1. Ces derniers, en moyenne, fument énormément.

dehors des crises aiguës par troubles de l'humeur, d'autant que les malades psychotiques meurent six fois plus souvent de maladies cardio-vasculaires et cinq fois plus souvent de maladies bronchopulmonaires.

Il n'y a pas de méthode univoque de sevrage tabagique. Certains réussissent seuls, d'autres ont besoin de soutien :
• le soutien de l'environnement familial et/ou professionnel : de préférence, ne pas continuer à enfumer le futur « non-fumeur », mais plutôt l'entourer de son empathie, car c'est difficile ;
• le soutien médical : même si l'on ne fume plus, la dépendance, donc le risque de rechute, dure de dix à quinze ans. Les risques cardio-vasculaires et généraux ne s'effacent pas d'un coup de baguette magique ;
• le soutien médicinal, en ayant recours :
– aux *substituts nicotiniques* en patch, pastilles, gommes à mâcher, seules ou en association (la dose doit être adaptée *dès le début* et le sujet doit avoir une dose suffisante pour ne plus allumer une seule cigarette) ;
– aux *substances à action cérébrale* ;
– ou à des associations de tous ces produits, dans les cas très difficiles.

Quand la situation reste difficile, plutôt que d'abandonner, il faut se donner les moyens de réussir (d'autres l'ont bien fait !) : reprendre le sport, changer ses habitudes, oser se dire que l'on empeste ses vêtements, sa voiture, sa maison et maintenant les trottoirs, parler à d'autres ex-fumeurs, consulter un tabacologue, rencontrer d'autres professionnels de santé…

Pour vous informer : Tabac Info Service
Sur Internet : www.tabac-info-service.fr
Par téléphone : 0 825 309 310 (0,15 €/min)

L'obésité

L'obésité a très mauvaise réputation, elle est associée dans toutes les études à des risques accrus de complications cardio-vasculaires : en 2006, en France, 12,4 % des sujets de plus de 18 ans étaient obèses, et 19 % le seront en 2020 ; 55 000 décès sont imputables à l'obésité seule et 180 000 aux maladies qui y sont liées.

Qu'est-ce que l'obésité ?

L'IMC (indice de masse corporelle) est un indicateur pratique et efficace pour évaluer la corpulence d'un sujet. Son calcul est simple : il suffit de diviser son poids (en kilos) par le carré de sa taille (en mètre). On est obèse quand l'IMC est au-dessus de 30 kg/m² :

IMC	Corpulence
< 18,5	Maigreur
De 18,5 à 25	Corpulence normale
De 25 à 30	Surpoids
De 30 à 40	Obésité critique
> 40	Obésité morbide

Le taux de mortalité croît avec l'IMC. C'est la deuxième cause de mortalité *évitable*, après le tabac. Encore plus grave, cette croissance est exponentielle : au-dessus de 27, le risque relatif de mortalité précoce est multiplié par deux chez les deux sexes.

Il faut bien remarquer que l'on parle ici de mortalité globale. Si l'on ne s'intéresse qu'à la mortalité cardio-vasculaire, les relations de cause à effet sont plus floues, voire paradoxales, comme le montrent les résultats de deux études :

• dans l'étude de Framingham[1], une majoration de poids de 10 % chez l'homme s'associe à un risque accru de 13 % de maladie coronarienne ; chez la femme, chaque kilo augmente ce risque de 3,1 %. Par ailleurs, une majoration de 30 % du poids idéal double le risque d'apparition d'une insuffisance cardiaque chez les deux sexes.

• dans l'étude de Jonsson[2], en revanche, les sujets dont l'IMC est supérieur à 35 n'ont pas un risque de mortalité cardio-vasculaire plus élevé que ceux dont l'IMC est normal ! Mais attention : ces sujets-là n'ont aucun antécédent cardio-vasculaire, n'ont pas de diabète et ne fument pas…

Si l'obésité a des facteurs pathogéniques complexes, ceux-ci sont donc loin d'être tous élucidés. C'est le Français Jean Vague qui, dans les années 1950, montre l'importance de la répartition de la masse grasse. Trente ans plus tard, l'Américain Gerald Reaven met au jour *le syndrome métabolique*, qui associe obésité abdominale, insulinorésistance et glycémies anormales, baisse du HDL-C, hypertriglycéridémie, HTA. Depuis, tous les travaux concordent pour dire que *le facteur de risque cardio-vasculaire de l'obésité est l'adiposité abdominale*, même avec un IMC dans la norme. Il faut donc distinguer :

---

1. 1948.
2. 22 025 hommes suivis pendant vingt-trois ans.

• *L'obésité gynoïde,* qui reflète les rondeurs féminines, célébrées par l'œuvre d'Aristide Maillol, où le tissu adipeux prolifère entre peau et muscles (répartition sous-cutanée), se localise sur les hanches et les cuisses et serait sans conséquences sur l'état de santé, voire bénéfique pour le système cardio-vasculaire.

• **L'obésité androïde** (ou abdominale), associée à un risque élevé de morbidité et de mortalité cardio-vasculaires. L'excès de graisse est intra-abdominal. L'approche clinique de cette obésité est simple : cela se voit ! Sa représentation graphique est davantage du domaine de la caricature que de la sublimation artistique… On mesure cette obésité par le **périmètre abdominal** : au-dessus de 87 cm chez la femme[1] et au-dessus de 101 cm chez l'homme, le risque cardio-vasculaire est augmenté. On peut aussi utiliser le rapport taille/tour de hanches : il y a obésité à risque quand il dépasse 0,90 chez l'homme et 0,85 chez la femme.

Même si l'obésité en soi n'a pas l'estampille « facteur de risque cardio-vasculaire », des risques graves y sont associés, comme l'insuffisance respiratoire, la majoration du syndrome d'apnées du sommeil et ses propres risques de mort subite nocturne, des poussées hypertensives, de l'insuffisance cardiaque, des cancers. Par ailleurs, par le handicap que l'obésité crée (dont la limitation de l'activité physique), elle retentit défavorablement sur *la santé globale.*

Si on se limite à la majoration de la mortalité cardio-vasculaire, seuls sont concernés les obèses présentant un

---

1. Hors grossesse.

excès abdominal de leur masse grasse, une HTA, un HDL-C bas et une dysglycémie.

Les causes de l'obésité sont loin d'être élucidées, de même que celles de la répartition de la masse grasse sous-cutanée ou abdominale : les rôles de l'adiponectine, de la leptine qui commencent à être connus ne sont que la partie émergée de l'iceberg. Donc, en attendant d'être renseignés sur la physio-pathogénie de l'obésité, agissons sur les deux facteurs qui la favorisent : *la surconsommation et la « mauvaise » qualité alimentaire* d'une part, *la sédentarité* d'autre part. On le fera de façon encore plus drastique si l'on est hypertendu, avec du mauvais cholestérol, voire diabétique, et de surcroît tabagique.

La perte de poids, notamment au niveau du ventre, procure de nombreux avantages : tout d'abord, on va mieux respirer, avoir moins mal au dos, aux genoux, être plus beau, pouvoir même de loin suivre la mode vestimentaire, ne pas être remarqué dans les avions ou les trains et moins souffrir psychologiquement. Ensuite, cet amaigrissement va réduire les autres facteurs de risque comme le diabète de type 2, l'HTA, ses troubles lipidiques. On aura ainsi moins de médicaments ou à des doses plus faibles, si l'on est déjà traité.

Il ne faut pas se contenter d'implorer le ciel et sa baguette magique… Il est toujours temps d'essayer de le faire, une bonne fois, définitivement. C'est comme pour le tabac : un jour, on trouve sa motivation, on comprend pourquoi on mange trop et mal, et on agit.

Quel est le rôle de l'alimentation et comment maigrir ?

Dans nos pays riches, la sollicitation à consommer vient de toute part. Le progrès des méthodes de communication de l'industrie agroalimentaire, de la grande distribution, des médias, n'a qu'un but : celui de nous tenter par des produits innombrables, variés, alléchants, stimulant la convoitise et l'appétit… Comment résister ? Si vous y ajoutez les vieux réflexes engendrés par les carences alimentaires des périodes d'après-guerre, les « Il vaut mieux faire envie que pitié », tout est là, réuni pour nous engraisser.

De quoi a-t-on vraiment besoin ? L'Agence française de sécurité sanitaire des aliments (Afssa) recommande un apport calorique moyen de 2 600 kcal par jour chez l'homme et 2 100 kcal par jour chez la femme, avec une bonne répartition des nutriments : environ 80 g de protéines, 90 g de lipides et 325 g de glucides. Cela n'est qu'un ordre de grandeur, car il faut surtout tenir compte de la densité calorique des aliments.

LES RÈGLES ALIMENTAIRES

Pour limiter son poids, maigrir, il faut qu'il y ait une restriction mais sans que le sujet ait faim en fin de repas ou entre les repas.

• 1re règle : prendre *3 repas par jour*, ne pas « sauter » des repas, ne pas grignoter, à la rigueur s'autoriser une collation, par exemple une pomme ou un yaourt nature.

• 2e règle : choisir ses aliments :

— pour qu'ils apportent *le moins de calories possible* (entendre : le minimum, utile et nécessaire, en fonction

---

de son âge, de ses maladies, de son travail et de son activité physique et/ou sportive) ;

– et pourtant *qu'ils nous rassasient*. En effet, cela ne
sert à rien de « résister » à sa faim, puisque quelques
jours après, on se « jettera » sur n'importe quoi.

Les graisses

Les aliments riches en graisses ont une haute densité calorique et vont donc être largement stockés avant d'être utilisés
(métabolisés) par l'organisme. Ils vont donc favoriser l'augmentation du poids. Pourtant, les lipides sont indispensables
pour l'équilibre énergétique. C'est donc dans le type de
graisses qu'il faut savoir choisir pour éviter les dangers :

• effets bénéfiques *des acides gras monoinsaturés* – s'ils ne
s'ajoutent pas aux graisses saturées, mais les remplacent –
contenus dans les huiles d'olive, de colza, de noisette ou
dans l'avocat, le soja ;

• effets bénéfiques des *acides gras polyinsaturés* dits *essen-
tiels*, puisque l'organisme ne peut les synthétiser : poissons
gras, huiles de maïs, de tournesol, de noix ou de pépins de
raisin ;

• dangers reconnus des *graisses saturées*[1] : mouton, porc,
charcuterie, fromages, crème fraîche, pâtisseries, pizza, fast-
food, viennoiseries ;

• une place à part est à faire aux *acides gras trans*, obtenus
par un processus industriel d'hydrogénation d'huiles polyinsaturées végétales ou de poisson. Ils sont largement utilisés
par l'industrie alimentaire. Leur danger se rapproche de

----

1. Voir Annexes, p. 213.

celui des graisses saturées. Déjà deux pays en ont réglementé l'usage, le Danemark et le Canada. À quand la décision en France ?

Les sucres

Ils fournissent le glucose, carburant énergétique indispensable des cellules de l'organisme (les muscles – dont le cœur – le cerveau, le foie, etc.). On distingue :

• *les sucres complexes* ou *lents,* présents dans les aliments riches en amidon, le pain, les féculents, les céréales, etc. Leur densité calorique est plus faible que celle des graisses et ils entraînent plus de satiété.

• *les sucres rapides,* présents dans le sucre en poudre, en morceaux, les bonbons, les confitures même « sans sucre ajouté », les compotes et tous les desserts. Bien sûr, ces sucres sont les plus agréables mais aussi les plus redoutables, puisque vite assimilés et vite stockés.

Plus que ce distinguo « lent/rapide », les sucres font grossir quand ils ont *un index glycémique élevé*[1], c'est-à-dire qu'ils font monter la glycémie dans le sang. La consommation d'aliments à index glycémique moyen (comme le morceau de sucre) ou bas (comme le fructose, le sucre des fruits) va favoriser une satiété plus intense après le repas et une moindre consommation au repas suivant : l'exemple à privilégier est celui des légumes secs (lentilles, pois chiches, haricots blancs et rouges, fèves, soja et ses dérivés, le tofu et le tempeh) qui apportent des protéines, des fibres et des glucides à faible index glycémique. Attention aux céréales du

---

1. Voir p. 75.

petit déjeuner, souvent enrichies en graisses et en sucres, et aux jus de fruits, dont il faut vérifier qu'ils soient 100 % pur jus, car certains peuvent n'être que de l'eau sucrée parfumée.

Les protéines

Les protéines, indispensables pour les muscles et les os, sont digérées lentement et procurent donc une bonne satiété sans trop de calories. Leur excès et/ou leur exclusivité (régimes hyperprotidiques) sont cependant très dangereux pour la santé, notamment des reins et du cœur. Les protéines sont apportées par la nourriture d'origine animale ou végétale.

Les protéines d'origine animale

Ce sont les viandes, les volailles, les poissons, les produits de la pêche, les œufs, les produits laitiers.

• *Les viandes* : il faut les choisir peu grasses, pour limiter les apports caloriques et/ou si l'on est en excès de cholestérol. Elles permettent aussi de préserver son capital en fer indispensable pour les globules rouges – le fer des viandes est mieux absorbé que celui provenant des lentilles. On privilégiera le bœuf (sauf entrecôte et bourguignon), le gibier, le lapin, les volailles comme le poulet, la dinde, la pintade, un peu moins le canard, la poule, l'oie. Surtout, il faut manger beaucoup de poissons, pas trop de crustacés (riches en cholestérol), utiliser les modes de cuisson sans graisses (vapeur, papillotes, ustensiles à fond antiadhésif…), ne pas manger la peau des volailles, piquer les rôtis pour que la graisse s'écoule et préférer le blanc de l'œuf, riche en protéine (l'albumine), au jaune, riche en cholestérol.

• *Les produits laitiers* : préférer le lait demi-écrémé ou écrémé, les fromages blancs 20 %, les yaourts nature et non sucrés[1]. Pour les fromages, préférer le camembert, le cantal ou le chèvre. Attention aux fromages à pâte dure ou mi-dure, qui sont les plus gras et/ou les plus salés. Les desserts lactés ne sont pas à classer dans les produits laitiers car ils apportent peu de calcium mais beaucoup de gras et de sucre.

Les protéines d'origine végétale
• *Les graines oléagineuses* ont entre 8 et 19 % de protéines mais, comme leur nom l'indique, elles sont riches en graisses et donc utilisables seulement en petite quantité. À noter, malgré tout : les noix et les amandes ont de « bons » acides gras.

• *Les légumineuses et céréales complètes*, notamment en association, fournissent la majorité des acides aminés (les constituants des protéines). Ces associations sont ancestrales et internationales : semoule-pois chiches du couscous (il ne faut pas oublier de manger plus de légumes que de semoule et éviter les raisins secs, très sucrés), maïs-haricots rouges de l'Amérique du Sud, riz-soja des pays asiatiques.

Les fibres
Les fibres, ensemble des composants de l'alimentation qui ne sont pas digérés par les enzymes digestifs, sont très intéressantes car elles favorisent la satiété avec très peu de calories. On conseille de 20 à 30 g par jour. On les trouve dans les céréales complètes, le pain, les fruits, les légumes, etc.

---

1. Les yaourts aux fruits contiennent trop peu de fruits et beaucoup trop de sucre (une quantité équivalente à deux morceaux).

> **LES ALIMENTS À FAVORISER POUR MAIGRIR**
>
> • *Les légumes* : tous, pour tout le monde, mais en évitant les assaisonnements, les sauces grasses au beurre, à la crème et en choisissant souvent les moins caloriques comme les endives et les courgettes. Leurs portions doivent dépasser celles des viandes.
> • *Le saumon* (« bonnes graisses », oméga 3), *le cabillaud* ou morue (très protéique).
> • *Un yaourt, une pomme* en dessert
> • *L'eau plate.*

Ce qu'il ne faut pas faire

Avant tout, fuyez les régimes « dissociés » : ils font tous maigrir, c'est vrai, mais on ne perd que de la masse maigre, notamment du muscle. Comme ces régimes ne peuvent être maintenus durablement, on grossit encore plus après. Mais surtout, ces successions de « régimes » (le poids fait du yo-yo) sont responsables, par eux-mêmes, d'un surcroît de mortalité cardio-vasculaire.

Ne parlons même pas des « coupe-faim », comme les amphétamines (avec le risque d'hémorragie cérébrale, de valvulopathies) ou la sinistre « Isoméride® » qui a fait mourir beaucoup de gens d'hypertension artérielle pulmonaire, ou encore, bien entendu, le tabac, largement utilisé à cette fin.

Ainsi, la seule stratégie, la vraie, c'est :
• de *limiter* le contenu de ses assiettes à des portions raisonnables, assurant ses besoins énergétiques ;

- d'*équilibrer* les rations en viandes, poissons, légumes et légumineuses, quelques sucres complexes (lents) ;
- de *ne pas grignoter* entre les repas ;
- de boire principalement de *l'eau plate*, à la rigueur un peu de vin si on ne peut s'en passer ;
- de *saler peu*, cela en fonction de son état de santé[1] ;
- et surtout de reprendre une *activité physique*. Le sport, pratiqué normalement, ne fait pas maigrir mais modifie la répartition des graisses : la masse grasse viscérale diminue et la masse maigre musculaire augmente. Au début de la phase d'amaigrissement, la nage et la gym aquatique sont des activités très pratiques : l'eau portant le poids du corps, les articulations et les tendons reprennent de la « souplesse » sans trop de danger. Il est toutefois préférable, avant la reprise d'une activité physique, de demander l'avis de votre médecin pour vous assurer de la bonne qualité de votre cœur, de votre tension artérielle, de l'influence d'un éventuel diabète… et aussi du bon état de vos articulations.

---

1. De plus, le sel stimule l'appétit.

Les autres facteurs favorisants

Les facteurs de risque sont les facteurs dont on a formellement la preuve que réduire leur intensité réduit le risque. Cette preuve repose sur les résultats de nombreuses études épidémiologiques. Certains facteurs favorisant les maladies cardio-vasculaires et/ou leurs complications ne répondent pas à la définition *stricto sensu* de « facteurs de risque » : on les nomme « marqueurs de risque » ; il y a une relation entre ces marqueurs et le risque, mais on n'a pas encore apporté la preuve que les réduire diminue d'autant le risque. De nombreuses études sont en cours d'évaluation, centrées en particulier sur le rôle de l'inflammation dans la genèse de l'athérome.

Les marqueurs vasculaires

L'artériopathie oblitérante des membres inférieurs (AOMI)

Ce sont des lésions des parois des artères périphériques partant de l'aorte abdominale jusqu'aux pieds. Ces lésions vont de la simple plaque d'athérome dans la paroi à l'oblitération (ou occlusion) en passant par le rétrécissement de la lumière du vaisseau (sténose). L'AOMI touche au moins deux millions de personnes en France. Elle est considérablement favorisée par le tabagisme et le diabète. C'est un marqueur de risque puissant, puisqu'un artéritique sur deux va faire un accident coronarien et, dans 15 % des cas, un AVC.

On ne rappellera jamais assez l'intérêt de son dépistage *avant* les symptômes, par la recherche de l'index de pression systolique (l'IPS).

L'INDEX DE PRESSION SYSTOLIQUE (IPS)

C'est le rapport entre la pression artérielle systolique mesurée à chaque cheville et la pression artérielle systolique mesurée au bras, à l'aide d'un brassard traditionnel et du signal Doppler.

- Quand tout est normal, l'IPS est entre 0,90 et 1,30.
- En dessous de 0,90, l'AOMI est certaine et il faut faire l'inventaire des lésions athéromateuses obstructives, de l'aorte jusqu'aux chevilles.
- Un IPS supérieur à 1,80 signifie que les parois artérielles sont rigides, voire calcifiées (médiacalcose). C'est une situation fréquente chez les patients très âgés, où la compression artérielle distale, au brassard, est même parfois impossible.

La sténose carotidienne

C'est l'obstruction partielle d'une ou des deux carotides, artères qui irriguent la plus grande partie antérieure du cerveau. La sténose carotidienne multiplie par trois le risque d'accident cardio-vasculaire. Chaque année, de 2 à 6 % des patients porteurs d'une sténose carotidienne décèdent, et la cause de la mort est six fois plus souvent cardiaque que cérébrale.

La recherche de ce type de lésion est donc largement justifiée chez les sujets et patients de plus de 55 ans ayant des facteurs de risque cardio-vasculaire, un souffle vasculaire à l'auscultation ou déjà une autre localisation d'athérome. C'est pourquoi toute lésion de la paroi d'une ou des artères périphériques doit être évaluée (rétrécissement serré ou non) et doit faire rechercher, dans l'immédiat puis ultérieurement :

• une autre lésion périphérique, par écho-Doppler des vaisseaux du cou, de l'aorte abdominale et des membres inférieurs ;

• des lésions sur les coronaires (les artères qui irriguent le cœur), par un test d'effort.

L'augmentation de l'épaisseur intima-média[1], mesurée sur la carotide, mais surtout la présence et l'importance de plaques d'athérome sur les carotides multiplient par 1,8 la probabilité de survenue d'une maladie coronarienne.

Les marqueurs biologiques circulants

Outre le taux de cholestérol et de ses fractions, bonne et mauvaise, les plus anciens marqueurs biologiques circulants (c'est-à-dire circulant dans le sang) sont *les triglycérides* et le taux d'*acide urique*, dont la cristallisation dans les articulations entraîne des crises de goutte. Ils témoignent surtout des tendances aux excès alimentaires.

Les nouveaux bio-marqueurs de l'athérosclérose sont : *la troponine* (marqueur très utilisé dans les syndromes coronariens aigus), *le BNP*[2] et *le NT-proBNP* (utilisés dans l'insuffisance cardiaque). D'autres comme *la CRP ultrasensible* et ses concurrents futurs, comme le CD40-ligand, H-FABP, GDF15, *la Lp-PLA2*, *la TpT*, sont les voies de recherche sur

---

1. Voir schéma p. 26.
2. *Brain Natriuretic Peptide.*

102

la vulnérabilité inflammatoire de la plaque d'athérome, pour expliquer les mécanismes de sa rupture et ses conséquences thrombotiques.

Les marqueurs cardiaques non biologiques

La fréquence cardiaque

C'est le nombre de battements du cœur par minute, appréciée par le pouls. Normalement, la fréquence cardiaque, au repos, se situe entre 60 et 70. Elle baisse la nuit et s'accélère à l'effort, lors d'émotions, de fièvre, revenant ensuite à la normale. Son augmentation (tachycardie) permanente ou persistante après un stress est un marqueur de risque cardio-vasculaire et en particulier de *mort subite*, chez le malade coronarien mais aussi pour la population générale[1].

L'arythmie par fibrillation auriculaire

Elle est responsable d'un rythme cardiaque anarchique, irrégulier, avec des risques d'embolies artérielles. En dehors de certaines pathologies – notamment les maladies des valves cardiaques et de l'hyperthyroïdie –, sa survenue semble « inopinée » mais c'est un marqueur de risque cardio-vasculaire *global* devant faire rechercher et traiter des maladies sous-jacentes inaperçues : HTA, coronaropathies, diabète, apnées du sommeil, obésité, etc., qui peuvent en être tantôt la cause, tantôt des comorbidités.

---

1. Résultats de la Finrisk Study, de la Copenhagen City Heart Study (2008) et de l'étude Beautiful (2009).

La dysfonction érectile et l'impuissance

En 1980, Ronald Virag, un chirurgien français, découvre, lors d'un acte chirurgical, que l'injection de papavérine dans les corps caverneux de la verge déclenche une érection. C'est alors une révolution dans le concept étiologique de l'impuissance : adieu la psychothérapie, fini les exceptionnelles prothèses péniennes, bonjour la pharmacologie !

En 1998, la mise sur le marché de la « pilule bleue » des laboratoires Pfizer marque une deuxième révolution : c'est tellement facile et efficace qu'on en oublie presque de rechercher les autres causes de l'impuissance (hormonales, neurologiques, etc.).

En définitive, la dysfonction érectile est un important marqueur de risque traduisant, comme dans le diabète, l'HTA ou l'hypercholestérolémie, une dysfonction endothéliale avec, à terme, son corollaire de *risque vital et/ou de complications cardio-vasculaires*. Son apparition doit immédiatement déclencher une enquête médicale. *Mais encore faut-il que le médecin le sache !* Il se passe en général un délai de deux à trois ans entre le début des symptômes et une consultation motivée par ce sujet, qui reste donc toujours d'un abord délicat. Au point que 82 % des hommes concernés souhaitent que ce soit le médecin qui aborde la question. Que de temps perdu ! Le médecin ne peut pas toujours et indéfiniment faire de ce problème une « obsession diagnostique » !

L'avenir est certainement aux traitements *continus*, toujours symptomatiques, mais aussi aux traitements *curatifs* de plus en plus orientés vers la cause, c'est-à-dire la restauration de la fonction des corps caverneux.

Le sida et ses traitements

Depuis les traitements par antirétroviraux, tout au moins dans les pays industrialisés, les malades infectés par le virus de l'immunodéficience humaine (VIH) ont *une maladie chronique* liée aussi, en partie, à leur médication. Ainsi, depuis 1996 (enfin un traitement antirétroviral efficace !), le malade additionne les effets secondaires, métaboliques, des traitements spécifiques et les effets « habituels » liés à son propre vieillissement.

Schématiquement, les antirétroviraux entraînent une insulinorésistance (effet des antiprotéases) et une lipodystrophie[1] (effet des analogues de la transcriptase inverse) qui *accélèrent les processus de l'athérosclérose et ses conséquences* : syndromes coronariens (aigus ou non), artérite des membres inférieurs, AVC qui s'ajoutent aux autres *comorbidités préexistantes* comme le tabagisme, l'HTA, un athérome déjà existant, etc. Il est donc indispensable d'apprécier le risque cardio-vasculaire de chaque patient *avant et en cours de ce type de traitement spécifique.*

Les complications cardio-vasculaires sont la troisième cause de mortalité des personnes infectées par le VIH aux États-Unis et la quatrième en France (après les autres infections, les cancers et les complications hépatiques).

Le traitement cardio-vasculaire préventif suit les recommandations cardiologiques habituelles, mais il faut éliminer les médicaments incompatibles avec les antiprotéases. Seules certaines statines sont utilisables pour faire baisser le cholestérol et, si les triglycérides sont élevés, ce sont les fibrates qui

---

1. Répartition et fonctionnement anormaux des graisses dans les tissus.

105

doivent être préférés dans le but de diminuer le risque de pancréatite. Il faut aussi arrêter rapidement tout tabagisme. C'est impératif !

> tabac + dyslipidémie + antiprotéases =
> **extrêmement dangereux !**

Le syndrome d'apnée du sommeil (SAS)

Que les apnées soient d'origine centrale (cerveau) ou périphérique, obstructives (bronches) ou les deux, la personne « oublie » de respirer et s'asphyxie plus ou moins profondément en dormant. Ainsi, pendant plus de dix secondes, le flux aérien est diminué de 50 % (hypopnée) ou interrompu (apnée) et, cela, un certain nombre de fois par heure. Même si l'on ronfle beaucoup, c'est uniquement le nombre et l'intensité de ces pauses respiratoires qui sont graves. C'est ce que mesure l'*indice apnée-hypopnée*, établi lors de l'enregistrement polygraphique du sommeil, couplé à la *mesure de la saturation du sang en oxygène*.

Le SAS est considéré :
- léger entre 5 et 15 par heure de sommeil.
- modéré entre 15 et 30.
- sévère au-dessus de 30.

Les symptômes associent somnolence, endormissements dans la journée, fatigue, troubles attentionnels, troubles de l'humeur, baisse de la libido, etc., avec au bout du compte *une qualité de vie* de plus en plus médiocre. On constate l'aggravation des pathologies préexistantes (l'HTA résiste aux traitements) ou lors de pauses respiratoires profondes, induction d'HTA (la tension artérielle ne baisse pas la nuit), la survenue de troubles du rythme (fibrillation auriculaire et ses risques emboliques), d'accidents vasculaires cérébraux et une évolution possible vers l'insuffisance cardiaque ; sans oublier le retentissement sur la qualité de vie du conjoint.

Dans le SAS, le rôle de la conjointe – le SAS est deux fois plus fréquent chez l'homme que chez la femme – est très important, parce que son sommeil en prend un coup, que l'ensemble du contexte (avec les problèmes de libido et d'impuissance, entre autres) peut engendrer des problèmes de couple, mais surtout parce que c'est elle qui finit par donner l'alerte. *Cependant, on s'habitue bien souvent à être fatigué, même dans la journée. L'âge est souvent l'explication qu'on se donne et on attend, vaille que vaille… la fin.*

Mais avant *sa propre fin,* il faut aussi penser à *celle des autres,* qu'on peut provoquer de façon dramatique, parce qu'on peut s'endormir au volant de sa voiture ou pendant un travail de nuit à horaires décalés, à des postes de sécurité (travail en hauteur ou sur des machines dangereuses, conducteurs de poids lourds, de cars, etc.). L'incidence des accidents de la route est de six à sept fois plus élevée quand l'indice apnée-hypopnée dépasse 10.

Le traitement repose essentiellement sur *la ventilation nocturne en pression positive continue (PPC) et, bien sûr, la perte de poids.* Il en résulte une amélioration des symptômes, une diminution des complications, ce qui est appréciable pour soi-même et tout l'entourage, qui reprend une vie familiale et sociale normale.

CALCULEZ VOUS-MÊME VOTRE DEGRÉ DE SOMNOLENCE : L'ÉCHELLE D'EPWORTH

L'échelle d'Epworth n'est pas la panacée, mais elle est simple à utiliser. Afin de quantifier une éventuelle somnolence dans la journée, voici quelques situations relativement usuelles pour lesquelles nous vous demandons d'*évaluer le risque de vous assoupir*. Si vous n'avez pas été récemment dans l'une de ces situations, essayez d'imaginer comment cette situation pourrait vous affecter.

Pour répondre, utilisez l'échelle suivante en entourant le chiffre qui correspont le mieux à chaque situation :

0 : aucune chance de s'assoupir
1 : faible chance de s'assoupir
2 : bonne chance de s'assoupir
3 : très forte chance de s'assoupir

Exemple : si le risque de vous endormir « assis(e) en lisant un livre ou le journal » est modéré, cochez 2.

1/ Assis(e) en lisant un livre ou le journal	0 1 2 3
2/ En regardant la télévision	0 1 2 3
3/ Assis(e), inactif(-ve), dans un lieu public (cinéma, théâtre, salle d'attente, de réunion, etc.)	0 1 2 3
4/ Passager(-ère) d'une voiture ou d'un transport en commun roulant depuis plus d'une heure sans interruption	0 1 2 3
5/ Allongé(e) après le repas de midi lorsque les circonstances le permettent	0 1 2 3
6/ Assis(e) en parlant avec quelqu'un	0 1 2 3

7/ Assis(e) après un déjeuner sans boisson
alcoolisée 0 1 2 3
8/ Dans une voiture alors que celle-ci est
arrêtée depuis quelques minutes à un feu
rouge ou dans un embouteillage 0 1 2 3

Total : ......

Résultat : la somnolence est significative si le score est supérieur à 15. Faut-il aller se coucher ? Non ! Il faut aller consulter !

Les profils psychologiques

Dans l'hypertension artérielle

On rencontre fréquemment un profil psychologique particulier où le sujet dénie son stress, n'extériorise pas son agressivité, évite les affrontements, réprime ses émotions, surinvestit socialement dans un grand souci de conformisme.

Cela peut rendre difficile l'interrogatoire médical et le médecin doit se méfier du patient qui minimise les symptômes. Certes, il lui « forcera un peu la main » pour les mettre au jour, mais, attention, le médecin n'y reviendra pas forcément plusieurs fois !

Dans la maladie coronarienne

On le nomme « type A » : le sujet cherche la performance, la compétition. Il surcompense, combat, est impatient, dénie les difficultés et sa vulnérabilité organique. Sa santé physique doit et va résister à ses addictions que sont le stress, le tabac, les boissons alcoolisées dont il a besoin pour être performant. C'est l'opposé du « type B », jovial, détendu, insouciant. À la lumière de certaines études, les personnalités de type A sont davantage menacées de mourir d'infarctus du myocarde.

La dépression

Très fréquente dans les maladies cardio-vasculaires, elle intervient *le plus souvent en réaction* à la nécessité de changer ses habitudes, aux contraintes des traitements et de la surveillance, à la peur de l'inconnu, notamment en période aiguë (plongée dans le monde nouveau de l'hôpital et des « tuyaux ») et, enfin, à la gifle prise en « pleine figure » qu'est la révélation qu'on est mortel !

Souvent anéanti par la vague de tous ces événements nouveaux qui le submergent, le malade met un certain temps à les « digérer ». L'envahissement par le contexte médical – nécessairement vital –, avec toutes ses contraintes, peut dissimuler l'état dépressif et *les dépressions masquées* sont très fréquentes.

Les facteurs psychologiques protecteurs

Existent-ils ? Oui, *mais autant les oublier pour l'instant !* Si le type C, réfléchi, soumis, conciliant et peu enclin au conflit, souffre moins de pathologies cardio-vasculaires, il développe en effet plus de cancers et de maladies immunitaires. Activons-nous donc sur le dépistage et les préventions déjà connues, et qui ont fait leurs preuves.

L'alcool

Pour beaucoup, ce mot a une définition très restrictive où ne sont inclus que « les alcools forts » : liqueurs, eau-de-vie, pousse-café… Mais l'alcool, c'est tout ce qui est alcoolisé, donc aussi bien le vin, la bière que les apéritifs, le porto, le whisky, la vodka, etc.

Chaque verre a une taille faite pour apporter la même quantité d'alcool (10 g). Il n'y a donc pas de petits verres mais un nombre de verres… voire de « litrons ». Un verre de vin, un demi de bière, une coupe de champagne, un verre de whisky, un pastis, même si leurs goûts sont bien différents, c'est la même chose quant à la quantité d'alcool : **10 g**.

L'excès d'alcool est-il dangereux ? Oui et toujours oui !

23 000 personnes en meurent chaque année, sans parler de celles qui en meurent indirectement, sous les roues des chauffards, dans des rixes ou en étant battues, assassinées… L'excès quotidien d'alcool entraîne des détériorations graves du foie, des nerfs (polynévrites), du cerveau, de la vue, favorise les pancréatites aiguës, des cancers du foie, de l'œsophage, de la gorge… Hélas, on n'y pense pas pour soi, tant cette réalité est associée aux romans de Zola. On imagine encore moins que l'alcool crée de *l'HTA* – d'autant que l'élévation des chiffres n'est à son maximum que dix heures plus tard, donc souvent le lendemain. En outre, cette hypertension, lorsqu'elle est installée, est résistante (les traitements bien conduits sont inefficaces). La consommation chronique d'alcool provoque aussi une vasodilatation prolongée (on est tout rouge, vultueux), avec risque de *syncopes*, d'*AVC*, de *maladies du muscle cardiaque* (cardiomyopathies dilatées de

111

bien mauvaise renommée) et enfin d'*arythmie par fibrillation auriculaire*. N'en jetez plus, la coupe est pleine – c'est le cas de le dire ! Et pourtant, cela continue, même si la façon de s'alcooliser a changé : on boit plus jeune, et plus fort.

Le style de consommation s'éloigne de plus en plus de la recherche des « saveurs » pour privilégier dans l'alcool son effet « psychotrope » d'enivrement :

• on *s'alcoolise sans manger*, avec un risque d'HTA 64 % plus élevé que celui des non-buveurs ;

• on *s'hyperalcoolise* : c'est une nouvelle mode chez les jeunes, le *binge drinking*. Cela correspond à une consommation importante d'alcool en très peu de temps, dans le but de s'enivrer. Outre les risques de mort brutale et de pancréatite aiguë grave, il faut savoir que ce type de pratique, à quantité équivalente d'alcool, augmente le risque d'AVC de 85 % par rapport aux *buveurs* qui « étalent » leur consommation…

Il faut espérer que la multiplication des contrôles policiers d'alcoolémie sur les routes n'aura pas l'effet inverse de celui recherché, en favorisant les séances d'enivrement massif à domicile, ce qui tend à devenir une nouvelle tendance…

L'effet bénéfique du vin

Cet effet attribué au vin repose sur nombre d'observations :

• d'abord, en deçà d'une consommation quotidienne de 20-30 g d'alcool, aucune étude n'a montré une réelle nocivité ;

• ensuite, dans *le régime méditerranéen ou crétois*, qui a démontré ses atouts bénéfiques sur la santé cardio-vasculaire, le vin n'est pas du tout exclu. Certaines études estiment par ailleurs que le vin, en petite consommation quotidienne, a des effets protecteurs en diminuant les risques d'angine de poitrine et d'infarctus ;

• enfin, le lien entre consommation d'alcool adéquate et cancer n'est pas franchement affirmé.

Notre *fierté nationale* et l'amour de cette part de *notre patrimoine culturel* sont donc récompensés, et l'on parle même dans les revues cardiologiques internationales du *French paradox.*

Qu'y a-t-il donc dans le vin rouge ? L'action bénéfique viendrait des *polyphénols*, et en particulier du *resvératrol* pour ses propriétés antioxydantes. L'université de Glasgow, en Écosse, vient de démontrer que le resvératrol pouvait prévenir la formation de caillots, combattre certains cancers et éviter certaines infections. Calmons toutefois notre enthousiasme : pour l'heure, c'est vrai… *chez la souris.* Mais ça va dans le bon sens !

N'oublions pas non plus l'*effet calorique de l'alcool* – puisque l'alcool, c'est du sucre – et rappelons les doses quotidiennes à ne pas dépasser, et à ne pas « s'amuser » à absorber d'un coup :

• 3 verres maximum chez l'homme ;

• 2 verres maximum chez la femme ;

• *0 verre pour la femme enceinte et l'enfant… et avant de prendre le volant !*

Les drogues illicites

Il y en a beaucoup. Nous n'entrerons pas ici dans la polémique « drogues douces/drogues dures », ce n'est ni le lieu ni le sujet, et nous nous limiterons à la description de leurs effets cardio-vasculaires. Ils sont déjà de si mauvais pronostics que ce n'est même pas la peine de voir un cerveau « cannabisé » pour immédiatement comprendre qu'il vaut mieux rechercher un autre genre de « remise en forme » ou de festivités que ces drogues.

Cocaïne, ectasy, amphétamines

Ces drogues stimulent le système nerveux sympathique (accélérateur) et entraînent, du fait de la vasoconstriction périphérique intense, une accélération du rythme cardiaque, des troubles du rythme, des poussées d'HTA, des dissections aortiques, des AVC, des infarctus mésentériques.

La cocaïne fait « décharger », par les glandes surrénales, cinq fois plus de catécholamines que la normale, un tel afflux atteignant un niveau toxique pour le cœur, avec possibilité de décompensation cardiaque et d'infarctus du myocarde, dont le risque est multiplié par vingt-quatre dans l'heure qui suit la prise. Pour « sniffer », il faut être sûr de ses coronaires. Mais comme, en général, on fume, on boit… bonjour les dégâts !

LES SYSTÈMES NERVEUX
SYMPATHIQUE ET PARASYMPATHIQUE

Ils composent le système nerveux autonome (SNA) ou végétatif. Ils fonctionnent isolément, en opposition ou en synergie, par l'intermédiaire de médiateurs chimiques comme l'adrénaline, la noradrénaline, etc. Le SNA commande et régule tous les facteurs intervenant dans le maintien de

l'homéostasie. Il intervient dans l'équilibre cardio-circulatoire et surtout dans son adaptation, notamment lors du sport. Les symptômes de son dysfonctionnement associent des

---

114

syncopes ou des malaises, en passant de la position couchée à la position debout ou lors d'efforts trop intenses, des troubles visuels, une sécheresse de la bouche… Le système sympathique accélère le cœur et entraîne une vasoconstriction des vaisseaux, le système parasympathique (ou vague) ralentit le cœur et vasodilate les artères et peut provoquer un *malaise vagal*. Ce dernier est le symptôme d'une réaction trop forte du système parasympathique : il faut en trouver la raison, allant du coup de chaleur à l'infarctus du myocarde.

Cannabis

Outre les désordres cérébraux, cette drogue stimule les systèmes sympathique (accélérateur) et parasympathique (ralentisseur), et entraîne une accélération du pouls, une HTA (souvent modérée), parfois de fortes hypotensions avec syncopes en se mettant debout, et le risque d'infarctus est majoré.

GHB (gamma-hydroxy-butyrate, ou drogue du violeur) et GBL (gamma-butyrolactone)

Leurs effets sont davantage neurologiques. On observe des ralentissements du pouls et de l'hypotension artérielle.

Kétamine, phencyclidine

Ce sont des drogues très hallucinogènes, qui s'accompagnent souvent d'agitation, de convulsions et de coma. Leur consommation est le plus souvent associée à l'alcool et au cannabis, entraînant pouls rapide et HTA. Petites particularités : elles s'accompagnent souvent de nystagmus (mouvements involontaires des globes oculaires) et, dans un tel contexte, les médicaments, comme les bêtabloquants, augmentent l'HTA.

Héroïne et opiacés, morphine

L'héroïne, après son métabolisme hépatique, se transforme en morphine. Par ses effets physiologiques, elle stimule le système parasympathique, libère de l'histamine, entraînant un ralentissement de cœur (bradycardie) et de possibles troubles du rythme cardiaque. Selon la sensibilité du sujet, la dose et sa répétition, un choc cardiogénique peut survenir (le cœur ne pompe plus), voire un œdème pulmonaire non cardiaque.

Particularité : la prise de drogue se fait par injections intraveineuses (même aiguille possible pour plusieurs usagers, dilutions sans hygiène) à l'origine de *réactions infectieuses* allant de la « poussière » (fièvre et frissons) à la mort par *septicémie* aiguë ou chronique. Les *endocardites* sont les complications infectieuses les plus redoutables, où des valves cardiaques, souvent les tricuspides, se détériorent, n'assurant plus leur travail de soupapes et sur lesquelles les antibiotiques ne sont pas toujours efficaces.

Si l'on ajoute à tous ces effets les comorbidités que sont le sida, l'alcoolisme, etc., tout cela fait beaucoup et devrait éclairer les défenseurs des « drogues douces », qui croient pouvoir « contrôler », « doser intelligemment ». Ils se leurrent ! Les mêmes dégâts se créent tout simplement « petit à petit » mais là, à l'inverse de l'oiseau qui fait son nid, c'est sa tombe que l'on creuse précocement.

***

Que conclure sur les facteurs de risque ?

Parmi tous les facteurs de risque évoqués, quatre sont considérés comme majeurs car on a la preuve formelle que leur diminution et/ou leur suppression diminuent la probabilité d'avoir une maladie, voire un accident cardio-vasculaire. Il s'agit de *l'hypertension artérielle*, de *l'excès de cholestérol dans le sang*, du *tabagisme* et du *diabète*.

Rappelons un fait important : leur association fait croître le risque de façon exponentielle et non pas linéaire. *On n'additionne pas les risques, on les multiplie.* Il est donc logique et primordial de s'occuper de tout en même temps.

Imaginez une voiture, de la Dacia à la Ferrari, dont les quatre pneus sont usés. Il ne viendrait à l'idée de personne – encore moins à celle du garagiste, qui est ici le spécialiste – de ne changer que trois pneus et de laisser le quatrième en place... Alors, pourquoi ne pas faire pour sa petite personne ce que l'on trouve naturel de faire pour sa voiture ?

Mais toute cette prévention des facteurs de risque permet-elle d'atteindre l'idéal ? Pas encore, mais ça vient ! Le gain sur la diminution, en nombre et en gravité, des conséquences pathologiques n'est pas encore optimal : d'une part, les recommandations thérapeutiques ne sont pas appliquées avec toute la rigueur nécessaire et, d'autre part, il reste ce que l'on appelle très doctement « *le risque cardio-vasculaire résiduel sous statines* », c'est-à-dire un état de risque même après contrôle de la pression artérielle, de la glycémie et du

LDL-C (le « mauvais »). Cette appellation nous semble mauvaise car le mot « résiduel » évoque la notion de « négligeable », or c'est précisément ce à quoi il va falloir s'attaquer, en attendant la découverte de nouveaux facteurs de risque. Les plus récents déjà identifiés sont :

- *le « couple délétère » : HDL-C bas et triglycérides élevés.* Il va prendre de plus en plus d'importance dans la prévention et les traitements pour réduire le risque de complications micro et macrovasculaires. À titre d'exemple, il est démontré que le risque d'infarctus du myocarde (IDM) est multiplié par cinq, même lorsqu'on atteint la cible thérapeutique sur LDL-C, alors que le HDL-C reste en dessous de 0,45 g/l et les triglycérides au-dessus de 1,5 g/l. Cette situation lipidique est malheureusement caractéristique du diabète de type 2, du syndrome métabolique, et est observée fréquemment chez les patients à risque cardiovasculaire élevé ;
- *le taux de triglycérides non à jeun très élevé,* puisqu'il est associé à une augmentation de la mortalité totale ;
- *et tout ce que l'on ne connaît pas encore...*

Nous verrons ce que donneront dans quelques années les programmes épidémiologiques internationaux mais, en attendant la santé éternelle, essayons :

- d'être au plus près des objectifs de correction des facteurs de risque qui sont bien définis, sans utiliser l'excuse « qu'on ne sait rien » ;
- et donc d'éviter au mieux les accidents de santé qui mettent à mal, brutalement, notre « idéal d'éternité ».

Il ne faut pas oublier que, si la recherche et l'accumulation de preuves tangibles se développent en matière de médecine, celle-ci reste une science non exacte. En dehors de cette liste de facteurs et de marqueurs de risque, l'humilité impose de garder à l'esprit qu'il y en a d'autres que l'on ne connaît pas. Louis Pasteur écrivait déjà en 1858 : « On s'imagine que la science est d'aujourd'hui, on ne voit pas que son état actuel n'est que progrès sur l'état d'une période précédente. »

Chapitre 2

Les maladies cardio-vasculaires par lésions artérielles

Nous ne parlerons ici que des maladies liées à l'athéro-sclérose et pas des maladies artérielles des petites artères[1] ni des artérites inflammatoires[2], dont la fréquence, la nature des lésions, leurs conséquences et leurs traitements sont très différents.

Nous venons de voir les facteurs de risque, c'est-à-dire les facteurs que l'on peut *modifier par notre comportement*, notre mode de vie, pour maintenir le bon état de nos artères et un bon état de santé qui limite les risques de survenue *trop précoce, et surtout évitables*, d'accidents mortels ou laissant des séquelles. Cela concerne entre 25 et 45 % des adultes dans les pays industrialisés.

C'est *à nous* de rester vigilants pour nous-mêmes mais aussi *pour nos enfants et, cela, dès leur plus jeune âge*[3] car la maladie artérielle liée à l'athérome est *sournoise* : elle évolue très longtemps sans faire parler d'elle. Au début, tout est *silencieux.* La maladie s'installe de façon insidieuse et c'est là qu'on mesure tout l'intérêt du dépistage et de la prévention puisque, en principe, à ce stade, les dégâts sur les organes ne sont pas encore importants.

À un stade ultérieur, nos artères sont déjà encombrées et, à partir d'un certain degré d'obstruction, les tissus des

---

1. Maladie de Buerger, etc.
2. Maladies de Horton, de Wegener, de Takayasu, etc.
3. Rappelons qu'à 20 ans les processus de l'athérome ont déjà débuté.

organes irrigués commencent à manquer sérieusement d'oxygène (ischémie). Des symptômes apparaissent et il faut saisir cette chance, s'alerter, agir, car il est sûrement encore possible de revenir plus ou moins en arrière ou de stabiliser la situation.

Au stade ultime, parce qu'on a été négligent ou brutalement, sans cause évidente pour le malade, l'artère est totalement obstruée (occlusion), l'organe n'est plus irrigué dans une ou plusieurs de ses zones, l'oxygène manque, il y a risque de mort définitive de ces tissus (infarctus, nécrose) : c'est *l'accident aigu, l'urgence absolue*, par infarctus du myocarde, AVC, occlusion aiguë d'un membre inférieur. Même si le patient est pris en urgence et qu'il ne meurt pas, le retour en arrière ou la récupération de la fonction de l'organe ne sont pas toujours possibles.

Numéros d'urgence à mémoriser
France : 15 ou 112.
Europe : 112.
USA et Canada : 911.

Les symptômes d'alerte

L'angine de poitrine

L'angine de poitrine n'a rien à voir avec une angine infectieuse : ce nom vient du latin *angor pectoris*, qui signifie « constriction de la poitrine ».

On ressent *typiquement* des douleurs au milieu de la poitrine, des serrements (comme dans un étau), des oppressions pouvant irradier vers le bras gauche ou droit, le maxillaire, le dos, d'abord à l'effort, cédant à l'arrêt de l'effort, puis même au repos, notamment en allant se coucher.

Mais attention, les symptômes sont tout aussi souvent *moins typiques* et pourtant tout aussi graves. Il en existe une grande variété, dont il ne servirait à rien de dresser un catalogue qui, de toute façon, ne serait pas exhaustif. Finalement, *qu'est-ce qui doit alerter ?*

• La répétition des symptômes dans les mêmes circonstances.

• Des symptômes en rapport direct avec l'effort, l'influence néfaste du froid, du vent, de la forte chaleur.

• Une forte sensation d'inconfort dans un climat d'angoisse de mort qui s'associe à ces douleurs, qu'elles soient typiques ou non.

Mais les symptômes peuvent aussi être minimes, inexistants, trompeurs. Dans ce cas, de deux choses l'une : ou l'on connaît ses facteurs de risque et l'on sait qu'on est vulnérable.

Il faut consulter ! C'est alors le médecin qui va chercher et trouver des anomalies, notamment *une ischémie silencieuse*, en réalisant un test d'effort. Ou, à l'inverse, on se croit « invulnérable », et alors…

Il se peut encore que l'on ait des « malaises » mal expliqués ou trop bien expliqués par quelqu'un de l'entourage qui se croit savant… Dites-vous bien qu'il n'y a de « petits malaises » *que* lorsque le médecin a prouvé que ce n'était pas organique !

L'accident ischémique transitoire cérébral (AIT)

C'est un arrêt bref de la circulation sanguine dans une région du cerveau, qui, selon sa localisation, crée brutalement soit un trouble de la parole, soit un trouble de la vision (cécité totale ou partielle d'un œil mais parfois des deux yeux), soit une paralysie d'un membre ou encore des troubles de l'équilibre sans vertige rotatoire. Le trouble dure de quelques secondes à quelques minutes, puis disparaît.

L'épisode est bref et passager. À ce titre, il peut paraître rassurant, mais il s'agit d'un véritable épisode de dysfonction neurologique, certes sans déficit persistant dans l'immédiat, qui peut témoigner d'un infarctus cérébral aigu. Mais *c'est une urgence absolue*, l'équivalent du syndrome de menace d'infarctus cardiaque, car le risque de récidive est très important, avec, cette fois, le risque de constitution d'un véritable AVC, avec ses conséquences en matière de déficit neurologique. Le risque de passer de l'AIT à l'AVC est de 2,5 à 5 % dans les deux jours consécutifs à l'épisode, et 10 % dans le mois suivant.

En revanche, si le déficit dure plus d'une heure, il s'agit théoriquement d'un AVC authentique.

Des *services d'urgence neurologique*, prenant **globalement** en charge le malade en réelle urgence, existent désormais :
- **SOS-AIT** - n° Vert : 0 800 888 248
- **SOS Attaque cérébrale** – Renseignements au 01 40 25 87 28 ou sur Internet : www.attaquecerebrale.org

Dans les vingt-quatre heures, une IRM ou, à défaut, un scanner cérébral éliminent un processus hémorragique et d'autres diagnostics, puis on recherche le *mécanisme* de l'accident cérébral et/ou oculaire (rétinien)[1] par des examens neurovasculaires (écho-Doppler, angio-scanner ou angio-IRM) et cardiologiques (électrocardiogramme et échocardiographie).

Enfin, le diagnostic précis définira le type de traitement immédiat : antithrombique, aspirine intraveineuse, s'il n'y a pas d'hémorragie ou de processus expansif (tumeur) intracérébral. Il peut s'agir d'une endartériectomie, surtout en cas de sténose carotidienne serrée tenue pour responsable, ou plus rarement d'un pontage ou d'une angioplastie. Un traitement anticoagulant est institué si la cause est une dissection artérielle ou un trouble du rythme cardiaque, avec ultérieurement toutes les mesures nécessaires pour assurer la prévention. Cette stratégie permet de *réduire de 80 % le risque relatif d'AVC à trois mois*[2].

---

1. Sténose artérielle serrée, rupture d'une plaque d'athérome avec embol, dissection de la paroi artérielle, embolie d'origine cardiaque.
2. Étude Express et SOS-AIT.

La claudication intermittente et l'artérite oblitérante des membres inférieurs (AOMI)

La claudication est « le » symptôme de l'artérite des membres inférieurs. On ressent des douleurs « qui serrent », à la marche, dans un mollet ou les deux, voire dans les cuisses, d'abord en côte, puis même sur terrain plat. Quand les troubles s'aggravent, les mêmes douleurs apparaissent pour une distance de marche de plus en plus courte, obligeant à l'arrêt. Puis, selon l'aggravation, elles surviennent au repos, puis la nuit.

C'est l'accumulation d'acide lactique dans les muscles qui crée la douleur. L'irrigation sanguine devenant insuffisante, le métabolisme des muscles passe en effet d'un mode aérobie (apport direct de l'énergie par l'oxygène) à un mode anaérobie qui produit l'énergie nécessaire en dégradant, sans oxygène, le glycogène musculaire, avec production d'acide lactique comme résidu métabolique de la réaction.

À ce stade, les lésions des artères sont déjà importantes. Le médecin sait qu'il ne faut pas attendre si longtemps pour les authentifier. Avant même l'apparition de symptômes[1], il peut se faire une idée du problème, simplement en palpant les pouls aux chevilles et, au moindre doute, en mesurant lui-même l'index de pression systolique (IPS)[2] et en faisant réaliser une exploration écho-Doppler[3], d'autant qu'il sait son patient *tabagique, diabétique, obèse, hypertendu,* etc. *Le tabac* est le facteur de risque le plus puissant de l'artérite.

----

1. Même si vous le consultez pour une autre raison.
2. Voir p. 101.
3. Voir p. 159.

Les accidents aigus

Ils sont dus à *l'occlusion* d'une artère, ce qui entraîne, en aval de la lésion, la mort des tissus d'une partie plus ou moins étendue de l'organe. On parle alors d'infarctus ou de nécrose.

Une telle occlusion peut se constituer de manière *lente*, de façon *subaiguë* (il passe encore un tout petit peu de sang), par aggravation progressive des lésions préexistantes, dont les symptômes ont été jusqu'alors inexistants, non reconnus ou négligés. On parle de *syndrome de menace*, d'*angor instable*, de *syndrome coronarien aigu (SCA)*, d'*AIT*, d'*occlusion subaiguë*…

Mais, souvent, l'occlusion survient de façon *brutale*, *aiguë*, par thrombose locale d'une lésion artérielle (formation d'un caillot sur place) ou migration embolique (le caillot vient du circuit en amont), par rupture de plaque. Bien plus rarement, l'occlusion est due à un spasme artériel : l'artère se ferme de façon éphémère, puis l'occlusion disparaît. Dans tous les cas, c'est *l'urgence absolue*.

L'infarctus du myocarde (IDM)

Le myocarde est le muscle qui permet au cœur de se contracter. Quand les artères coronaires se bouchent, les tissus du myocarde ne sont plus oxygénés et se nécrosent : c'est l'infarctus. L'IDM se manifeste par la même douleur que celle de l'angine de poitrine mais plus intense (ce qui ne

129

veut pas dire violente) et très angoissante (tout s'arrête, on sent que l'on peut mourir). Elle ne cède ni au repos ni après prise de trinitrine. Les irradiations douloureuses vers les bras, les poignets, les mâchoires inférieures sont très fréquentes et elles aussi très intenses. Parfois même, ces douleurs peuvent se limiter à ces irradiations. Le malaise, l'inconfort sont grands avec sueurs, fatigue intense, essoufflement, troubles digestifs.

Attention : il existe *des formes particulières* qui peuvent être trompeuses. Ce peut être l'infarctus « de novo », sans les signes alarmants avant-coureurs que l'on vient de voir, ou l'infarctus qui simule un trouble digestif aigu, du genre crise de foie, avec nausées, vomissements… Chaque malade a *ses* symptômes (il s'en aperçoit en cas de récidive) mais, même avec des symptômes atypiques, on est quand même dans l'urgence absolue et la prise en charge médicale doit être rapide.

L'infarctus sans symptôme est rare. C'est surtout le fait des malades diabétiques. On en découvre la trace, de façon inopinée, sur un électrocardiogramme fait pour une autre raison. Là encore, l'attitude thérapeutique doit être la même, sans minimiser l'urgence.

La mort, subite ou précoce, au cours d'un IDM, est le plus souvent due à des troubles gravissimes du rythme cardiaque, qui dégénèrent en fibrillation ventriculaire : le cœur bat si rapidement qu'il n'a plus de contractions efficaces. C'est l'arrêt cardiaque[1].

Il est extrêmement important que le diagnostic d'IDM ou de pré-infarctus (syndrome de menace ou syndrome

---

1. Voir Annexes, p. 216.

coronarien aigu) soit fait précocement, car un *traitement thrombolytique* administré dans les deux premières heures, même pendant le transport en Samu, peut « dissoudre » le caillot qui obstrue l'artère et, en *restaurant un flux sanguin* efficace, limiter la taille de l'IDM, voire l'enrayer. C'est le même but qui est recherché lorsqu'on entreprend, en urgence, en milieu hospitalier, après préparation par des médicaments antiplaquettaires :

• parfois, des dilatations coronariennes (angioplasties) avec pose d'endo-prothèses (stents) ;

• plus souvent, des poses directes de stents.

Le but de ces techniques est de *rouvrir l'artère*, afin qu'il y ait de nouveau un passage du sang, c'est-à-dire une *reperfusion*.

Plus les traitements sont précoces, plus on va récupérer de tissus vivants, c'est-à-dire gardant une fonction myocardique suffisante pour que le cœur puisse continuer à se contracter. Au cours des années suivantes, il y aura ainsi beaucoup moins de risques d'altération de la fonction de pompage du cœur (insuffisance cardiaque).

Entre 2000 et 2005, le nombre de malades ayant eu une reperfusion coronaire a peu augmenté[1], mais *l'amélioration de la précocité de prise en charge hospitalière a fait très nette-ment baisser le taux de mortalité* : dans le registre GRACE, regroupant 14 pays et plus de 44 000 patients, le nombre de décès passe de 8,4 à 4,6 %, c'est-à-dire qu'il diminue presque de moitié en cinq ans pour les IDM.

---

1. Il est passé de 51 à 60 %.

Et après l'infarctus ?

On vient de recevoir un gros choc, on est déprimé et anxieux. On estime cette dépression à 30 % des cas, mais elle est souvent sous-estimée et donc négligée.

Aussi, quand il n'y a pas eu de complications majeures, après quelques semaines, il ne faut pas se laisser abattre. En effet, *un cœur même lésé a encore de la réserve* puisque, au repos, quand on est en bonne santé, on n'utilise son cœur qu'à 40 % de ses possibilités… Au bout du compte, plus de 80 % des malades ayant fait un IDM reprennent leurs activités antérieures dans les deux ou trois mois. *Toutes leurs activités ?* C'est bien là où le bât blesse. S'il n'y a pas trop de problèmes pour la reprise du travail[1], voire celle d'une vie sexuelle « routinière[2] », ou pour conduire sa voiture et prendre l'avion, *il est moins aisé de s'orienter vers ce qui doit devenir une nouvelle façon de vivre.*

Résumons-en les grandes lignes :

• En premier lieu, il faut impérativement arrêter de fumer, manger autrement, marcher entre une demi-heure et une heure par jour et accepter d'avaler tous les matins au moins de quatre à cinq comprimés… C'est-à-dire passer du temps à s'occuper de soi et donc trouver un bon compromis dans l'organisation de la vie quotidienne avec ses contraintes professionnelles, familiales et maintenant médicales. Dans certaines situations, l'équilibre peut être délicat à trouver. Le cardiologue doit alors savoir cadrer et recadrer les problèmes, aussi souvent que nécessaire. Mais l'empathie n'est pas tout et il doit réussir à convaincre son malade, dans la

---

1. Un ou deux mois après l'infarctus.
2. Voir p. 184.

durée, de tout l'intérêt des mesures de prévention, de la nécessité de se plier à ces contraintes. Il doit aussi le confronter à la réalité de la maladie au risque de créer des désillusions, en recherchant – et malheureusement, en trouvant souvent – d'autres lésions vasculaires…

• En second lieu, il faut faire une, voire plusieurs rééducations post-infarctus. Outre les soins requis, c'est une excellente façon de retrouver confiance en soi et confiance en ses possibilités physiques, en sentant que son cœur se réadapte progressivement à l'effort (vélo, tapis roulant), sous contrôle médical.

L'accident vasculaire cérébral (AVC)

On le nomme aussi « attaque » ou « congestion cérébrale ». C'est la survenue, le plus souvent, d'une paralysie *durable* d'un membre et/ou du visage, réalisant une *hémiplégie* (une moitié du corps est paralysée) ou une *monoplégie* (un seul membre est paralysé). Peuvent s'y associer d'autres troubles comme une *aphasie* (perte de la parole), un trouble visuel unilatéral et, dans les cas graves, des troubles de la conscience, voire un coma.

Les AVC répondent à deux grands types de mécanismes : l'infarctus cérébral d'origine ischémique et l'accident vasculaire hémorragique. Cette distinction dans le mécanisme est fondamentale et essentielle puisque les traitements sont différents, voire en opposition.

L'infarctus cérébral d'origine ischémique
Une artère *s'obstrue* : c'est l'*AVC ischémique*. Une région du cerveau n'est plus irriguée, et les cellules meurent

(nécrose ou infarctus cérébral) ou souffrent beaucoup du manque d'oxygène (ischémie). Comme dans l'IDM, *l'urgence est absolue* et, là encore, le but est de restaurer un flux sanguin dans l'artère obstruée pour garder le maximum de tissu cérébral aussi fonctionnel que possible.

Une fois de plus, les délais d'intervention, d'hospitalisation, d'exploration doivent être courts. Parmi les causes recherchées, les lésions artérielles athéromateuses sténosantes des carotides et des vertébrales ou les oblitérations des petites artères intracérébrales sont les plus fréquentes, mais elles ne sont pas les seules. La dissection de paroi d'une artère carotide ou vertébrale est le mécanisme le plus fréquent chez le sujet jeune. Les troubles du rythme cardiaque, à tout âge, sont source d'*embolies*, tout autant que l'IDM, les valvulopathies cardiaques, les prothèses valvulaires et les anomalies de la membrane située entre les oreillettes cardiaques. Le caillot part du cœur dans l'aorte, puis vers l'une des branches collatérales (carotides ou vertébrales), puis leurs ramifications intracérébrales qu'il finit par occlure.

Dans la zone d'ischémie cérébrale, il y a des cellules qui meurent mais d'autres, en périphérie de la nécrose, sont susceptibles de récupérer leur fonction neurologique. C'est dans cette optique que l'on proposera, *si et seulement si* le malade est vu en extrême urgence *(moins de deux/ trois heures)*, des traitements de revascularisation, soit par thrombolyse (pour dissoudre le caillot), soit par thrombo-endartériectomie (ouverture de l'artère extra-cérébrale pour enlever localement la lésion athéromateuse responsable de la sténose serrée).

L'accident vasculaire hémorragique

Une petite artère *se rompt* dans une zone du cerveau : c'est *l'AVC hémorragique. L'HTA en est la cause principale et son traitement diminue par deux le risque d'AVC.*

La boîte crânienne n'étant pas extensible, un saignement dans le cerveau va comprimer et léser des zones qui étaient saines, avec les conséquences qu'on imagine sur le tissu cérébral.

Le traitement de l'AVC sera donc régi par *le délai qui existe* entre le début de l'AVC et l'arrivée à l'hôpital, par sa nature, son potentiel de *risque hémorragique (c'est là une notion majeure)*, tout cela étant aussi intriqué aux problèmes de tension artérielle, tantôt à respecter, tantôt à diminuer, voire à augmenter selon les cas.

On voit donc que l'AVC, c'est très grave, que la situation reste incertaine très longtemps malgré des traitements d'urgence devenus beaucoup plus performants, et qu'on peut en garder des séquelles handicapantes. La rééducation neurologique est indispensable, sa durée est variable et la récupération totale est rare.

L'occlusion artérielle aiguë des membres inférieurs

Brutalement survient une violente douleur dans une jambe qui devient vite blanche et froide. On ne la sent plus, on ne peut plus la bouger… Il faut faire très vite car le risque est *l'amputation* !

Les autres maladies artérielles

Les maladies de l'aorte

L'aorte est la plus grosse artère de l'organisme. Elle part du ventricule gauche et se divise en de multiples branches, les collatérales, qui irriguent tout l'organisme. *Sa paroi peut se rompre* par deux mécanismes : celui de l'anévrisme et celui de la dissection.

L'anévrisme et la rupture

L'anévrisme est la dilatation d'une zone de l'artère, dans le thorax ou plus souvent dans l'abdomen, dont les parois peuvent se rompre (*rupture d'anévrisme*), brutalement, sans signes avant-coureurs, entraînant une hémorragie interne, cataclysmique, presque toujours mortelle. C'est pourquoi, à partir d'une certaine taille (55 mm pour l'aorte abdominale), même sans symptômes, un anévrisme doit être traité *chirurgicalement*, par souci de *prévention*. Dans des cas difficiles (âge avancé, multiples maladies associées, etc.), on peut proposer un traitement par endo-prothèses (stents).

Les causes des anévrismes sont multiples et assez différentes :

— L'anévrisme de l'aorte thoracique s'associe fréquemment à des anomalies des valves aortiques (bicuspidie[1]) ou à des tissus constituant la paroi artérielle (maladie de Marfan, etc.),

---

1. Bicuspidie des valves aortiques : deux valves au lieu de trois.

136

– L'anévrisme de l'aorte abdominale est, pour sa part, souvent familiale et fortement influencée par le tabagisme.

On doit rechercher systématiquement un anévrisme après 50 ans s'il y a des antécédents familiaux et la recommandation de le faire est forte, après 55 ans, chez les fumeurs ou les anciens fumeurs. L'écho-Doppler est l'examen de choix pour le dépistage.

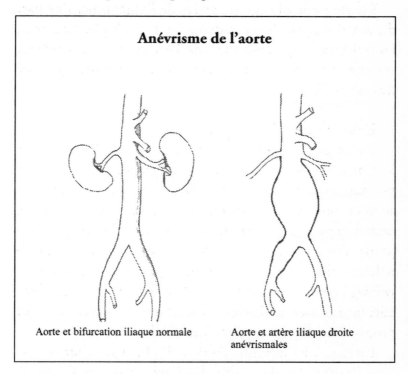

Anévrisme de l'aorte

Aorte et bifurcation iliaque normale   Aorte et artère iliaque droite
                                              anévrismales

La dissection

La couche la plus interne de l'aorte se déchire et le sang passe *dans* la paroi de l'artère. La douleur intense dans le thorax et/ou l'abdomen s'associe à une chute de la tension artérielle, pour aller jusqu'à l'état de choc et la mort. La dissection aortique se voit surtout chez l'homme après 50 ans, hypertendu et/ou fumeur. Quand elle survient à un âge plus jeune, il y a le plus souvent une maladie sous-jacente (bicuspidie aortique, maladie de Marfan) et/ou, chez la femme, une grossesse, sans oublier certains sports tels que l'haltérophilie.

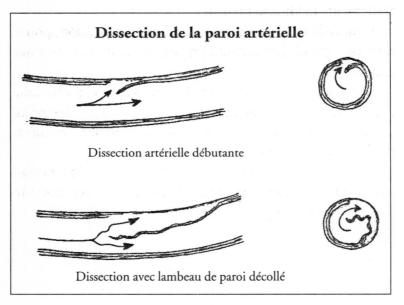

Dissection de la paroi artérielle

Dissection artérielle débutante

Dissection avec lambeau de paroi décollé

Les maladies des artères rénales

Ce sont les artères de chaque rein, à droite et à gauche, qui naissent de l'aorte abdominale. La sténose d'une artère rénale est provoquée dans 90 % des cas par des plaques d'athérome. Longtemps silencieuse, elle va entraîner à terme une augmentation de la pression artérielle : c'est *l'hypertension rénovasculaire*. Si elle n'est pas reconnue, le rein est de plus en plus mal oxygéné, ce qui altère sa fonction de filtre, entraîne une atrophie anatomique (le rein diminue de taille) et finalement conduit à *l'insuffisance rénale*, surtout s'il y a atteinte simultanée des deux reins.

À ce stade, on ne peut plus grand-chose... *C'est donc avant qu'il faut y penser*, surtout lorsqu'il existe :

• une HTA sévère d'emblée ou vraiment résistante aux traitements médicamenteux ;

• un œdème pulmonaire aigu (OAP) à répétition, pourtant sans grand dysfonctionnement du cœur (le ventricule gauche) ;

• une HTA associée à un souffle artériel, à l'auscultation, dans la région abdominale, ou à une asymétrie des reins détectée fortuitement par le médecin lors d'un examen échographique ou radiologique ;

• une détérioration rapide de la fonction rénale (la créatinine dans le sang augmente brutalement), notamment avec un traitement par IEC[1].

---

1. Voir p. 78.

Insuffisance cardiaque et démence : le commencement de la fin

Les cœurs et les cerveaux lésés finissent très mal… Aujourd'hui, on meurt de plus en plus vieux. C'est ce qui explique que la fréquence de l'insuffisance cardiaque ait doublé en dix ans et que le nombre de personnes souffrant de démences sera multiplié par quatre dans quarante ans, dans le monde.

Ne soyons pas choqués par les mots, puisque ce sont les mots vrais pour évoquer les vrais maux futurs. De toute façon, on meurt un jour… Souhaitons juste que ce soit rapide et pas trop douloureux.

L'insuffisance cardiaque

Au repos, le cœur se contracte chaque 0,8 seconde et chaque ventricule propulse dans les artères *5 litres de sang par minute*, soit *7 200 litres par jour*. Nous vous laissons le soin de faire le calcul pour une année, une vie… et n'oubliez pas notre durée de vie *in utero* !

Évidemment, même si c'est en *circuit fermé*, cela veut dire que le muscle cardiaque a « intérêt » à être en bonne santé pour assurer ce travail minimum et pouvoir « mettre le turbo » à l'effort en augmentant sa fréquence, son débit et, donc, la tension artérielle.

Le cœur est une remarquable machine car, en cas de maladies des valves, du muscle (soit du myocarde directement, soit secondaires par sténoses des artères coronaires) et/ou des poumons (comme la bronchopathie obstructive), *il va très long-temps s'adapter.* Tout d'abord, en s'épaississant (on parle d'HVG ou hypertrophie du cœur), puis, ne pouvant plus s'épaissir, en se dilatant ; il devient alors de moins en moins contractile. On a alors *un gros cœur*, de moins en moins fonctionnel et efficace : c'est l'insuffisance cardiaque. On parle d'*insuffisance cardiaque gauche* en cas de défaillance du ventricule gauche, d'*insuffisance cardiaque droite* lorsque c'est le ventricule droit qui est défaillant, et enfin d'*insuffisance cardiaque globale* quand l'insuffisance du cœur gauche est tellement massive qu'elle retentit, en amont, sur les cavités droites.

Cette maladie évolue par poussées avec des épisodes d'étouffement de suffocation qu'on nomme *œdème aigu du poumon* (OAP). Puis, ces manifestations tendent à devenir permanentes.

Les symptômes d'alarme

Ce sont la fatigabilité, l'essoufflement (dyspnée) avec la sensation d'étouffer (d'abord à l'effort, puis même au repos) et des membres inférieurs très gonflés (œdèmes) : c'est l'insuffisance cardiaque congestive.

Bien sûr, on arrive à cet état parce que notre cœur, qui a subi beaucoup d'accidents, est de plus en plus mal en point et ne suffit plus à sa besogne mais, *même à ce stade*, on peut encore prendre des précautions pour lui faciliter la tâche.

Il ne faut pas perdre de vue que *ce que brasse le cœur, c'est du liquide* (volémie). Or la quantité et la répartition de l'eau dans l'organisme sont régulées par *le sel (le sodium) : plus on mange salé, plus on garde d'eau, mais plus le cœur et les reins sont fatigués, moins on l'élimine.* Sel et eau s'accumulent dans l'organisme, d'où la congestion et les œdèmes.

La diminution sérieuse du sel dans l'apport alimentaire est la base du traitement de l'insuffisance cardiaque, et cela dépend uniquement de vous.

Comment faire ? D'abord, se dire que l'attirance gustative vis-à-vis du salé est affaire d'éducation du goût et qu'il y a, pour remplacer le sel, des tas d'aromates et d'épices capables de relever les plats. Alors, à ce stade de la maladie, le choix est simple : ou bien on gonfle et on ne bouge plus, ou bien on continue de manger de « bonnes » choses mais peu salées et ce, plus longtemps, et en bonne compagnie – il faut convaincre les copains !

En conséquence :

• *ne jamais* resaler les plats (pas de salière à table : on est moins tenté…) ;

• *s'interdire*, aussi souvent que possible, tout ce que l'on sait être très salé, sans chercher à se mentir à soi-même : charcuterie, conserves, sauces toutes faites, plats préparés (penser aux potages), fromages… *À bannir* : les huîtres et leur jus d'eau de mer – les hôpitaux ne traitent pratiquement que des OAP aux réveillons de Noël et du Nouvel An ! –, certaines eaux minérales gazeuses, les gâteaux apéritifs, les bouillons cubes, etc. ;

• *ne pas croire* que le traitement diurétique permet de s'abstenir de toutes ces contraintes !

• *surveiller son poids* : la prise de deux kilos en deux jours, c'est de la rétention d'eau. Il faut alors consulter son médecin. C'est peut-être parce qu'on a fait une entourloupette à son régime, mais ça peut être aussi autre chose : un trouble du rythme cardiaque, une évolutivité de la maladie coronarienne, etc. Alors, plus on prend tôt cette complication en charge, mieux ce sera et l'on pourra éviter une hospitalisation ;

• *essayer de garder une activité physique adaptée* à ses ressources physiques, en évitant de s'essouffler ;

• *Lire les étiquettes* (quantité de sodium) et faire ses calculs :

1 g de sel = 400 mg de sodium.

4 g de sel = 1 600 mg de sodium (dose à ne pas dépasser chez l'insuffisant cardiaque).

6 g de sel = 2 400 mg de sodium (dose à ne pas dépasser chez l'hypertendu).

Les traitements

Leur choix est l'affaire du médecin ou plutôt des médecins : généraliste, cardiologue, diabétologue, néphrologue. À ce stade :

• toujours *les médicaments*. Dans le cas de l'insuffisance cardiaque, les médicaments sont nombreux et leur dosage doit souvent être adapté, surtout au début. On augmente ensuite progressivement les doses sur plusieurs semaines, sous surveillance médicale ;

• parfois, *une chirurgie*. En effet, il peut être nécessaire d'opérer pour changer une valve cardiaque défaillante, pour revasculariser une artère coronaire par angioplasties, stent et pontages ;

• *la pose d'un stimulateur cardiaque* (pacemaker), d'un défibrillateur implantable, est une nécessité thérapeutique fréquente quand « l'électricité » du cœur est défaillante (troubles du rythme et/ou de conduction).

• enfin, dans certains cas exceptionnels, c'est *la transplantation cardiaque* qu'il faut envisager.

Les démences

Certaines démences ont des causes connues : l'HTA est ainsi la cause principale des démences d'origine vasculaire. On ignore en revanche celle d'autres démences, comme la maladie d'Alzheimer dont la cause est dite dégénérative. Mais les nombreuses recherches actuelles[1] ont montré qu'il n'y a pas de différence si tranchée entre *le facteur vasculaire et le facteur dégénératif* : on parle maintenant volontiers de *démence « mixte »*.

Ce terme de « démence » a une connotation très négative et est très mal accepté par les familles car il est confusément assimilé à la folie, à l'anormal, à l'incontrôlé absolu. Il ne signifie pourtant que *l'aboutissement du déclin cognitif* qui nous menace tous, de façon plus ou moins précoce.

Actuellement, il n'existe aucun traitement efficace permettant de guérir une atteinte dégénérative. On ne peut que ralentir la maladie. En revanche, pour le versant vasculaire, on sait que :

• l'HTA négligée entraîne des altérations vasculaires touchant le débit sanguin et le métabolisme cérébral. Il en résulte des lésions ischémiques intracérébrales en foyer d'étendue limitée, appelées infarctus ou lacunes. Ces lésions des petites artères cérébrales retentissent aussi sur la substance blanche du cerveau et sont visibles au scanner ;

• Le traitement de l'HTA est le seul à avoir démontré une réduction de l'incidence des démences[2].

---

1. En particulier sur l'étude histologique des tissus cérébraux.
2. Étude SYST-EUR (2 410 malades hypertendus sous inhibiteur calcique), étude PROGRESS (6 105 hypertendus ayant déjà fait un AVC sous IEC + diurétique), étude HOPE (9 267 malades à haut risque cardio-vasculaire sous IEC).

Conclusion évidente la pose d'un stimulateur cardiaque (pacemaker), d'un défibrillateur implantable, est en revanche une nécessité thérapeutique fréquente. si l'on veut dès aujourd'hui se donner la chance d'éviter un jour le déclin cognitif, l'essentiel est d'être vigilant sur son état tensionnel et de prendre soin de se faire surveiller. Si, malheureusement, l'on est hypertendu, il ne faut pas se négliger mais faire très attention à bien se soigner pour avoir, avant 80 ans, une tension inférieure à 140/80 mmHg et, après 80 ans, une pression artérielle systolique en dessous de 150 mmHg. On ne sait pas encore si une classe d'antihypertenseurs est supérieure à une autre mais on sait, en tout cas, que *dépister et soigner l'HTA est bénéfique pour limiter les démences.*

La fin :
l'arrêt cardio-respiratoire (ACR)

L'ACR, souvent appelé arrêt cardiaque, survient sur un cœur défaillant soit pour des raisons musculaires et/ou vasculaires (en général, on n'est plus très jeune), soit pour des raisons rythmiques (on peut être très jeune, sportif), soit pour ces deux raisons associées.

Le trouble du rythme qui provoque une mort brutale est *la fibrillation ventriculaire* : quand le cœur « fibrille », il bat à un rythme excessivement rapide, qui ne peut assurer des contractions cardiaques efficaces, capables de pomper. La circulation s'arrête très rapidement dans le cerveau. Inconscient, on ne respire plus et, si aucun secours ne vient, on meurt. « Belle mort », certes, mais évitable si un choc électrique (défibrillation) réussit à interrompre la fibrillation ventriculaire.

Entre 2001 et 2005, 2 001 ACR ont été analysés en France : 72 % surviennent en présence d'un témoin, qui ne tente une réanimation que dans 14,3 % des cas. Seules 29 % des victimes bénéficient d'un choc électrique externe, par le Samu ou le Smur. *Le délai d'intervention* est toujours long, même s'il s'améliore de plus en plus :

- 12 min entre l'arrêt cardiaque et l'appel des secours ;
- 9,5 min en moyenne (5,5 min mini/14,5 min maxi) avant l'arrivée des secours.

Chaque année, 50 000 personnes[1] meurent d'un arrêt cardiaque. Chaque minute perdue diminue les chances de survie de 10 %.

Ce problème de santé publique a été révélé au grand jour par le décret du 4 mai 2007 portant sur l'autorisation de *l'usage de défibrillateurs par le grand public*. Dans deux cas sur trois, en effet, l'ACR a une cause cardiaque.

En 2009, 1 850 collectivités territoriales étaient équipées de 4 000 défibrillateurs automatisés externes (DAE), utilisables par quasiment tout le monde, le mode d'emploi étant très explicite et l'utilisation sans danger. Toutefois, comme cela fait encore peur, on s'oriente vers la création d'un réseau de *sauveteurs volontaires de proximité* (SVP) aptes à réaliser les premiers gestes avant l'arrivée des secours. À ce sujet, il faut noter qu'en cas de massage cardiaque externe on a plus ou moins abandonné la ventilation par le bouche-à-bouche qui lui était traditionnellement associée, car elle n'apporte pas grand-chose à la réanimation, est souvent rebutante et risque de retarder l'action efficace.

AGIR, C'EST FAIRE LES 3 GESTES QUI SAUVENT
1 vie = appeler + masser + dès que possible défibriller

---

1. Secourues et non secourues à temps.

Chapitre 3

LES EXAMENS CARDIO-VASCULAIRES DE LA MALADIE ATHÉROMATEUSE

Nous décrirons essentiellement les examens pratiqués le plus souvent. Ils sont de deux sortes, suivant qu'ils sont faits « de l'extérieur » (on n'entre pas dans le vaisseau ou l'organe) ou « à l'intérieur » (on entre dans le vaisseau ou l'organe). Les premiers sont dits *non sanglants,* les autres *sanglants.*

Les examens biologiques

Ce sont tous les paramètres sanguins. Nous en avons déjà parlé, mais rappelons l'importance :

• du profil lipidique : cholestérol total, fractions HDL-C et LDL-C, triglycérides ;

• de la glycémie et, chez les diabétiques, l'hémoglobine glyquée (HbA1C), la microalbuminurie ;

• de connaître l'état des reins par le ionogramme, la créatinémie, la protéinurie ;

• de détecter une anémie et d'en déterminer la raison, puisque les cardiaques ont souvent des traitements anticoagulants ou antiagrégants plaquettaires avec un risque potentiel de saignements et/ou d'insuffisance rénale ;

• d'apprécier l'importance de l'insuffisance cardiaque par le dosage du BNP[1].

---

1. Marqueur biologique circulant, voir p. 102.

Les examens non sanglants (ou non invasifs)

L'électrocardiogramme (ECG)

C'est l'enregistrement sur papier des battements du cœur. On place des électrodes sur le thorax et les membres. Cela dure de cinq à dix minutes, sans aucune précaution particulière. C'est sans danger.

Le tracé de l'ECG (voir schéma) est fait d'une succession d'accidents de la courbe, d'aspects différents mais qui surviennent normalement toujours dans le même ordre (voir schéma) : P, QRS, T, l'ensemble formant le « complexe QRS ».

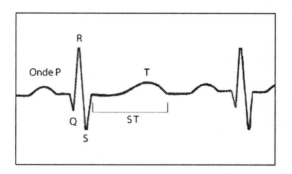

Lire un tracé d'ECG

Onde P : contraction des oreillettes.

Complexe QRS : contraction des ventricules ou systoles (phénomène électrique de dépolarisation).

Onde T : relaxation des ventricules ou diastoles (phénomène électrique de repolarisation).

Segment ST : zone où l'on « voit » l'ischémie.

Que détecte l'ECG ? La fréquence cardiaque, des troubles du rythme (rythme anarchique, QRS différents), des troubles de conduction de l'activité électrique dans le muscle cardiaque (appelés blocs), des signes d'hypertrophie du cœur, une souffrance d'une région du cœur par manque d'oxygénation et de vascularisation d'une région du cœur (troubles de repolarisation et au maximum des signes d'infarctus).

Quand le fait-on ? Les occasions sont multiples :
• *en urgence*, si l'on suspecte un accident cardiaque brutal (malaise, perte de connaissance, palpitations intenses, etc.) ;
• *quand il y a des symptômes* à type de douleurs dans la poitrine, de palpitations, d'essoufflements…
• *en dépistage (bilan)*, dans le cadre de la surveillance de facteurs de risque connus (HTA, tabagisme, diabète, etc.) ;
• *dans la surveillance* de maladies cardiaques, de leurs traitements cardiologiques ou autres (pour certains traitements de cancers, par exemple).

L'électrocardiogramme ambulatoire (ou Holter cardiaque)

Cet examen doit son nom au Dr Norman Holter, le cardiologue américain qui l'a mis au point. Il consiste à enregistrer l'activité cardiaque *pendant vingt-quatre à quarante-huit heures*, grâce à la pose d'électrodes sur la poitrine, reliées à un boîtier enregistreur. Le médecin analyse ensuite les mêmes données que sur un ECG habituel, mais en les corrélant aux symptômes ressentis par le malade en cours d'examen. Il n'y a que très peu d'inconvénients à la réalisation d'un Holter. Il faut parfois raser la poitrine, signaler si l'on est allergique au sparadrap et ne prendre ni bain ni douche durant l'enregistrement. Mais, surtout, il faut garder une activité habituelle.

L'électrocardiogramme d'effort (ou test/épreuve d'effort)

C'est l'enregistrement de l'ECG *en action*. C'est un *examen fonctionnel* très riche de renseignements. L'effort, qui correspond à un état de stress pour le cœur, va accentuer, révéler des troubles encore « invisibles » sur le tracé au repos.

Sur un vélo *statique* (fixé au sol) ou sur un tapis roulant, le malade fait un effort progressif (évalué en watts), par paliers successifs de deux à trois minutes, jusqu'à atteindre une certaine fréquence cardiaque – si possible, la fréquence maximale théorique (ou FMT). L'ECG est enregistré tout le long de l'épreuve, durant l'effort puis pendant les dix premières minutes de récupération, après l'arrêt de l'effort. En tout, l'examen dure une petite heure.

Les paramètres et les critères d'interprétation sont multiples :

• *La FMT* : elle évalue approximativement la fréquence cardiaque pour laquelle le travail musculaire de l'organisme est maximum, c'est-à-dire quand il atteint sa consommation maximale d'oxygène (VO_2 max). Une fois celle-ci atteinte, on peut arrêter l'effort. La FMT se calcule de la manière suivante : FMT = 220 – âge du sujet.

• L'épreuve est dite *maximale* quand la fréquence cardiaque du sujet est à 100 % de la FMT, *interprétable* si l'on est à plus de 85 % de la FMT, *sous-maximale* si l'on est en dessous de 85 %.

• Tantôt le résultat est dit « *positif* » : paradoxalement, c'est mauvais ! Le malade a pu ressentir – mais pas toujours – une douleur dans la poitrine mais le tracé révèle, avec une grande certitude, une maladie coronarienne (ischémie du myocarde) par des troubles très évocateurs : soit des troubles de la repolarisation sur le segment ST, soit des troubles du rythme cardiaque, ou les deux à la fois.

• Tantôt il est « *négatif* » : alors là, c'est bon ! Mais, pour formellement l'affirmer, il faut que le test soit au moins interprétable à *85 % de la FMT*. Un test sous-maximal négatif *ne veut strictement rien dire*, ne contribue pas au diagnostic et doit être complété par d'autres examens.

• Enfin, le résultat peut être « *litigieux* » : on ne peut pas avoir de certitude *claire* et, là aussi, il faut recourir à d'autres explorations.

• Accessoirement, l'ECG d'effort peut aussi donner des renseignements sur une éventuelle HTA, des troubles de conduction cardiaque particuliers, etc.

Parfois, le cardiologue vous demandera d'arrêter certains traitements quarante-huit heures avant l'examen pour faire une épreuve « démaquillée[1] ». Elle est très utile dans la surveillance des vaisseaux coronariens, qu'ils aient été pontés,

---

1. La traduction des termes anglais est parfois pleine de fantaisie…

qu'ils aient un stent ou soient seulement sous traitement médical. L'épreuve démaquillée est sans danger – heureusement que l'action des médicaments, même si elle s'atténue progressivement, dure plus de quarante-huit heures ! Toutefois, si l'on est très dépendant de son traitement, avec réapparition précoce de symptômes après l'arrêt, il faut consulter immédiatement.

Puisque l'on parle de test d'effort, on peut se demander *si cet examen est dangereux*. Depuis que René Goscinny, l'un des deux pères d'Astérix et Obélix, est décédé au cours de ce type d'épreuve, les patients y font assez souvent une petite allusion. Rassurons-nous : de l'indication à la réalisation, les tests sont toujours réalisés par un cardiologue, assisté d'une autre personne, infirmière ou médecin, dans un lieu tout proche d'un service de réanimation. L'ECG et la tension artérielle sont toujours contrôlés avant l'examen. Le malade peut parler tant que dure l'examen et peut donc, à tout moment, signaler la survenue du moindre symptôme, avant et pendant le test.

Certaines personnes passeront, dans leur vie, beaucoup de tests d'effort :

• *les coronariens, les diabétiques* (dépistage d'une ischémie souvent *silencieuse* et sans symptôme), *les hypertendus...* En fait, tous ceux qui ont déjà fait un accident cardio-vasculaire ou neurologique (AIT, AVC) et tous ceux qui ont des facteurs de risque.

• *les sportifs* : le test d'effort peut débusquer les prémices d'une atteinte cardiaque et renseigne sur la qualité de l'entraînement. Dans le cas particulier de la pratique sportive, avec ou sans compétition, il faut savoir, durant le test, pousser le sujet « au bout de ses forces », puisque c'est souvent ce qu'il fait durant son sport. Le sportif, même amateur, adore se lancer des défis : « Allez, encore une côte ! », « Je faisais cette piste l'année dernière… » Au ski, on meurt davantage d'infarctus que d'accidents mécaniques ! Même quand il pleut, qu'il vente, on fait quand même le circuit… Les conditions extérieures sont pourtant très importantes et font déjà beaucoup travailler le cœur pour nous réchauffer ou nous refroidir. Ou bien, c'est le « senior » qui veut briller, donner une leçon, se prouver quelque chose face à un adversaire qui, à l'évidence, va ne faire de lui qu'une bouchée. Encore un exemple : il s'agit du grand-père, encore jeune, qui veut rivaliser avec son futur petit-fils… Même encore « frais », nous devons connaître nos limites… et faire un test d'effort.

La scintigraphie myocardique et/ou thallium d'effort

C'est une image du cœur qui peut être faite, selon la situation, au repos ou à l'effort. Elle renseigne sur le fonctionnement du myocarde, le muscle cardiaque et sa qualité artérielle.

L'examen dure plus ou moins longtemps, et nécessite une injection intraveineuse de thallium, une substance radioactive qui va imprégner le cœur – aucun danger, on est très loin de la radioactivité d'une montre à aiguilles phosphorescentes, mais il ne faut cependant pas être enceinte et, souvent, il faut être à jeun. Le sujet est allongé sur une table, placé en dessous d'une caméra à scintillations qui capte le rayonnement isotopique et réalise des images du cœur. C'est, somme toute, un compteur Geiger très sophistiqué.

Les renseignements qu'il délivre sont très intéressants dans les cas qualifiés de litigieux au test d'effort ou si le sujet, à cause de son âge ou d'un handicap, ne peut pas faire de vélo ou marcher facilement sur le tapis roulant. Cet examen sera probablement supplanté dans les années à venir par le scanner et l'IRM cardiaque.

La radiographie thoracique ou pulmonaire (RT)

Comprenant généralement deux clichés, de face et de profil, la RT, cet examen simple et ancien, visualise beaucoup de choses : la forme, la taille du cœur, les poumons et les plèvres qui les entourent, les os (côtes, clavicules, vertèbres, etc.). Elle est très utile en cas d'essoufflement, de douleurs thoraciques pour un examen de « débrouillage ».

Pour un bon cliché, un petit conseil, surtout si vous n'êtes pas maigrelet : quand on vous dit d'inspirer, pensez à sortir le ventre.

L'échographie-Doppler cardiaque transthoracique (ETT)

Une sonde est placée sur le thorax du sujet, allongé sur le dos en position semi-assise, légèrement tourné sur le côté gauche. Comme un sonar, grâce à la réflexion d'un faisceau d'ultrasons, elle reconstitue, en temps réel, une image qui visualise le cœur en mouvement avec ses parois et ses valves.

Couplée au Doppler (ultrasons réfléchis sur une cible en mouvement : le sang), la sonde « voit » la circulation du sang, son sens dans les cavités, à travers les valves, à travers des « trous de communication » qui ne devraient pas exister, mais aussi dans l'aorte et les gros vaisseaux qui en partent.

Cette technique, faite au repos, est sans aucun danger et peut être répétée autant de fois que nécessaire. Elle est devenue quasiment indispensable à tout examen cardiologique. Deux autres techniques particulières peuvent compléter l'ETT en pratique clinique :

• *l'échographie transœsophagienne (ETO)* : la sonde est placée sur un endoscope, comme pour une fibroscopie digestive, passant par l'œsophage situé juste en arrière du cœur. Le cardiologue fait cet examen seulement pour compléter l'ETT, pour analyser beaucoup plus précisément l'infection et/ou la maladie d'une valve, la présence ou non d'un caillot dans une oreillette, une plaque préembolique ou encore une dissection de la paroi de l'aorte thoracique, etc.

• *l'échographie de stress* : c'est une échographie commune couplée à un stress sciemment provoqué, par un effort ou par un médicament, et destiné à « activer » le cœur et démasquer des troubles non visibles au repos. Les améliorations des performances techniques ne se comptent plus : images en trois dimensions (3D), échographie multidimensionnelle… Les images sont de plus en plus belles et les renseignements de plus en plus précis.

L'écho-Doppler vasculaire (ED)

Il s'agit ici d'explorer les vaisseaux, aussi bien les artères que les veines, de l'extérieur. Comme dans l'ETT, cet examen se fait à l'aide d'une sonde électronique, émettrice et réceptrice d'ultrasons, appliquée sur la peau en suivant les trajets vasculaires à étudier.

On visualise ainsi les artères, leurs parois dont on analyse la structure, à la recherche des plaques d'athérome plus ou moins remaniées (irrégulières), plus ou moins obstructives (sténoses), voire occlusives (l'artère est totalement bouchée). Mais on dépiste aussi les dilatations anévrismales et les dissections artérielles de paroi.

L'incidence de toutes ces lésions sur la circulation du sang et, surtout, celle des rétrécissements, se mesure au Doppler qui évalue les modifications des vitesses circulatoires et contribue à la quantification des sténoses (modérées, serrées, très serrées).

Beaucoup d'artères sont explorées et toutes doivent l'être en période d'accident aigu puis, périodiquement, dans le suivi, *puisqu'une lésion démasquée doit en faire rechercher d'autres, ailleurs.* Ces artères sont :

• *les vaisseaux du cou*, avec principalement les carotides et les artères vertébrales qui irriguent respectivement les parties antérieure et postérieure du cerveau. L'état des carotides est toujours riche de renseignements et on peut y mesurer, chez le sujet jeune, un paramètre utile à l'estimation précoce du risque cardio-vasculaire : *l'épaisseur intima-média* ;

• *les artères sous-clavières*, qui irriguent les membres supérieurs mais dont les sténoses, à leur origine, peuvent retentir sur la perfusion (irrigation) cérébrale. De façon annexe et sans rapport avec l'athérome, elles peuvent être comprimées dans certaines positions des bras ;

• *l'aorte abdominale*, ses branches digestives, rénales, ses branches de division : les artères iliaques, toutes fréquemment affectées par les sténoses et les anévrismes ;

• *les artères des membres inférieurs* avec toute leur arborisation, des artères fémorales aux artères poplitées puis jambières (tibiales antérieures et postérieures, péronières, pédieuses), là où s'effectue la mesure des pressions artérielles distales pour le calcul de l'IPS[1].

Les artères coronaires ne peuvent pas être « visualisées » par cette technique externe et sans aucun risque, mais par d'autres explorations. De façon tout à fait annexe, notons enfin qu'avec l'écho-Doppler, les veines des membres ont leur examen de choix pour démasquer *une phlébite*.

La mesure ambulatoire de la pression artérielle (MAPA ou Holter tensionnel)

Cet examen permet de contrôler les chiffres de la tension artérielle durant vingt-quatre heures. Il est très intéressant pour détecter des poussées paroxystiques (chiffres trop hauts, de façon brusque), des hypotensions (chiffres trop bas) et évaluer l'efficacité des traitements.

---

1. Voir p. 101.

On porte un brassard au bras, relié à un petit boîtier porté à la ceinture. Périodiquement, en principe tous les quarts d'heure pendant la journée et toutes les demi-heures pendant la nuit, le brassard se gonfle puis se dégonfle pour prendre la tension artérielle. C'est un peu contraignant – le bras doit rester immobile pendant les prises – et… ce n'est pas remboursé par l'Assurance maladie. Cela ne veut toutefois pas dire que c'est inutile !

Le scanner ou tomodensitométrie (TDM) et l'imagerie par résonance magnétique (IRM)

Les scanners utilisent les rayons X, à dose plus faible que la radio, délivrés par un anneau qui tourne autour du malade. Ils ne peuvent être utilisés chez la femme enceinte.

Les IRM se fondent sur le principe de la résonance magnétique des protons du corps humain au sein d'un champ électromagnétique créé par un aimant qui encercle le patient. Tous les composants métalliques d'une certaine taille qui sont localisés dans l'organisme peuvent donc être « attirés » et gravement déplacés, d'où la contre-indication d'IRM pour les pacemakers (les piles, etc.).

Ces examens rendent énormément de services en neurologie, cardiologie, pneumologie, traumatologie… En tout, finalement ! Lorsqu'ils ont pour but d'explorer les vaisseaux, on les nomme coro-scanners, angio-scanners, angio-IRM (ARM), etc.

Du fait des progrès techniques majeurs, on est passé, en une dizaine d'années, d'images anatomiques fixes, seulement morphologiques, à des images fonctionnelles, dynamiques.

Par exemple, en neurologie :

• *les imageries de l'IRM de diffusion* permettent le diagnostic précoce des AVC ischémiques datant de moins d'une heure. Elles font la différence entre une tumeur nécrosée et un abcès d'infection, elles font un diagnostic précoce de l'encéphalite herpétique et de la maladie de Creutzfeldt-Jakob ;

• *les imageries de perfusion* ont fortement amélioré les diagnostics d'urgence et l'approche des traitements de l'AVC ;

• on peut citer aussi, dans les progrès, *la spectroscopie par résonance magnétique (SRM)* dans l'exploration du métabolisme cérébral durant une IRM, l'IRM fonctionnelle d'activation dans la maladie d'Alzheimer, *l'imagerie écho planar*, etc. Beaucoup de ces examens sont encore du domaine de la recherche.

La tomographie par cohérence optique (OCT)

C'est un examen encore confidentiel qui obéit au même principe que l'écho, à une différence près : ce n'est pas une onde d'ultrasons, mais une émission vibratoire lumineuse proche de l'infrarouge qui se réfléchit.

Cette technique peut évaluer la vulnérabilité de la stabilité des plaques d'athérome, mais aussi la qualité de l'endothélialisation des stents, c'est-à-dire la manière dont l'endothélium retapisse l'endoprothèse.

Les examens sanglants (ou invasifs)

C'est une tout autre affaire car, là, on entre dans une artère. Le danger n'est pas le risque de saignement, mais *le risque d'y faire entrer de l'air*. Une bulle d'air, se comportant comme un caillot, pourrait boucher l'artère et créer infarctus, hémiplégie, etc.

L'artériographie

Dans la pratique, toutes les artériographies reposent sur la même procédure : après anesthésie locale, l'artère est préparée pour être ponctionnée à l'aiguille, on y introduit un guide ; sur le guide, un cathéter ; dans ce dernier, diverses sondes. Le malade ne ressent pratiquement rien, cela peut être perçu comme désagréable car la table sur laquelle il est allongé est très inconfortable (table de radiologie), l'environnement est stressant, on ne voit pas la tête des médecins, cachés sous une bavette, de grosses lunettes et un tablier de plomb, puisque les examens artériographiques délivrent des rayons X.

Le sang qui circule dans les artères n'étant pas directement visible à la radio, il doit être opacifié par un produit iodé. Son injection peut entraîner une bouffée de chaleur (c'est fréquent) et on peut y être allergique (c'est beaucoup plus rare).

Après injection du produit de contraste, le résultat obtenu est l'image de l'intérieur des vaisseaux. Le médecin peut alors apprécier la régularité ou non des parois, le degré de rétrécissement ou de dilatation (anévrisme) du vaisseau, son occlusion, etc.

Les artériographies ont des noms différents :

• *artériographie* c'est plutôt l'appellation dédiée aux explorations des membres inférieurs ou des artères rénales ;

• *angiographie* s'applique davantage aux artères cérébrales ou si on couple à un scanner ou à une IRM ;

• *coronarographie* est le terme utilisé pour les artères nourricières du cœur, les coronaires ;

• *aortographie* s'applique à l'examen de l'aorte.

Les artériographies ne sont pas faites « pour voir », étant donné leurs risques, mais « *pour savoir* » quel traitement on peut proposer. Elles sont donc le premier temps des angioplasties et/ou de la chirurgie.

L'écho-Doppler endovasculaire

C'est une technique assez récente, encore du domaine de la recherche, réservée à des cas difficiles. Comme pour l'artériographie, on pénètre *dans* l'artère : cela permet d'analyser son modelage, et le volume et la potentialité plus ou moins grave des plaques d'athérome.

Chapitre 4

LE CŒUR
DANS CERTAINES CIRCONSTANCES

Le cœur dans l'activité physique et sportive

Notre force physique nous a permis de survivre dans les temps ancestraux. Nous l'utilisons aujourd'hui à des fins plus ludiques, comme le sport, lorsqu'elle ne disparaît pas tout bonnement dans les pantoufles de la sédentarité, dixième cause de mortalité selon l'OMS[1].

Les bénéfices d'une activité physique *régulière et adaptée* sont largement démontrés sur la santé globale : force musculaire, souplesse, équilibre, dynamisme mental, meilleur contrôle du poids, amélioration du profil lipidique, de l'équilibre diabétique, réduction des accidents cardio-vasculaires, éloignement des addictions tabagiques et alcooliques, etc.

Mais, au-dessus du mot sport, il plane toujours un « parfum » de risque, puisque *la mort subite sur les stades* est une réalité, très médiatisée : sa cause cardio-vasculaire pourrait atteindre 2,5/100 000 pratiquants de sport avant 35 ans et 4/100 000 après 35 ans.

L'effet de l'effort est paradoxal sur le facteur vital. Occasionnel ou intense et irrégulier, il est dangereux. Un sédentaire multiplie par cent sept son risque de faire un infarctus lors d'un effort intense (parce que inhabituel) par rapport à un inactif de même âge. Mais cet inactif, par rapport au sportif, risque soixante fois plus de faire un accident cardio-vasculaire aigu et deux fois et demie fois plus de mourir pour raison cardiaque.

---

1. Organisation mondiale de la santé.

Donc, quel que soit son âge ou son état cardio-vasculaire, il faut garder une activité physique mais savoir l'adapter, connaître son état cardio-vasculaire, prendre avis auprès du médecin, apprendre les caractéristiques des sports pratiqués et les conditions environnantes.

Caractéristiques de l'effort musculaire

Il y a schématiquement deux types d'efforts : l'effort dynamique et l'effort statique.

• *L'effort dynamique* déplace le corps entier ou des parties du corps. Aérobie (l'énergie provient directement de l'oxygène du sang), il est très utile pour favoriser *l'endurance* : les résistances artérielles diminuent fortement et le cœur, au fil de l'entraînement, ralentit sa fréquence de base. Après l'échauffement, indispensable, puisqu'il permet aux artères de se dilater, on voit bien que le marathonien « passe la cinquième » avant le dernier coup de mollets, pour consommer le moins possible son « carburant », l'oxygène. Ces efforts d'endurance sont modérés en intensité et prolongés.

• *L'effort statique*, sans mouvement, est brutal et quasi immédiat. Il n'est possible que parce que la tension artérielle monte brutalement et, à un moindre degré, que la fréquence cardiaque s'accélère. C'est l'effort de résistance dont l'exemple typique est celui de l'haltérophile (les muscles respiratoires sont bloqués). Mais une situation hémodynamique comparable existe quand on change un pneu crevé, qu'on soulève de lourds paquets lors de déménagements sans aucun entraînement physique ou qu'on pousse une voiture en panne…

Lors d'un effort, la tension artérielle augmente (l'augmentation de la valeur systolique peut atteindre 35-40 mmHg dans certains sports), la fréquence cardiaque s'accélère, le débit cardiaque augmente (il peut être multiplié par cinq dans certaines situations), de même que les besoins en oxygène du muscle cardiaque. On brûle de l'énergie (attention aux hypoglycémies) et on peut se déshydrater. Ces mécanismes peuvent faire le lit de l'accident et/ou être à l'origine d'une mort brutale par déclenchement d'un trouble du rythme, par déstabilisation d'une plaque d'athérome carotidienne ou coronarienne.

Il y a schématiquement deux types d'activités : l'activité physique et l'activité sportive. Tout le monde n'aime pas le sport, n'en a pas l'esprit – ce qui n'est pas une tare –, mais tout le monde, pour garder une bonne santé globale, doit « se remuer ».

• *Les activités physiques* telles que bricoler, faire le jardin, le ménage, monter des escaliers, se déplacer à pied plutôt qu'en voiture, etc., sont des activités tout à fait respectables et *à privilégier toute la vie.* Leur inconvénient est qu'elles ne sont pas très quantifiables et qu'au fil du temps et du vieillissement on va les réduire, même inconsciemment, et se croire toujours actif. Il faut quand même garder un certain niveau d'activité pour en tirer des bénéfices.

Après 80 ans, si on a échappé à l'AVC ou à l'infarctus, c'est probablement parce que notre taux de cholestérol n'a eu que peu d'importance. En revanche, il faut continuer de s'activer dans le but de préserver sa *santé globale* : même si l'activité physique devient de plus en plus modeste, *il faut la stimuler* pour garder une qualité de vie au quotidien, maintenir son autonomie le plus longtemps possible, limiter son risque de chute, la peur de tomber, éloigner l'âge de la démence.

REMUER, BOUGER, C'EST QUOI ?

Après des examens médicaux probants (dont le test d'effort après 50 ans), il faut favoriser :

• *l'endurance d'entretien* : toujours après échauffement, c'est de *la marche à allure soutenue* (ne vous fiez pas au rythme du voisin : à vous de trouver la vôtre, celle où vous vous sentez à l'aise, sans être essoufflé) ou/et du *vélo* ou/et de la *natation*, au moins trois fois par semaine, de trente à soixante minutes par séance, en surveillant son pouls afin qu'il reste entre environ 40 et 60 % de sa fréquence cardiaque de réserve ;

• *le travail musculaire* : faire de une à trois séries de huit contractions musculaires sur une dizaine de groupes musculaires (bras, jambes, abdominaux, etc.) avec repos et respiration entre les séries ;

• *la souplesse* : en fin de séance, seulement quand les muscles sont bien échauffés, il faut les étirer de vingt à quarante-cinq secondes, à répéter une à quatre fois. C'est le but du tai-chi, qui a beaucoup de succès dans la réduction du nombre de chutes et de fractures.

On sait que tout va bien si l'on n'est pas essoufflé, si l'on ne ressent pas de malaise, si l'on n'est pas perclus de douleurs. Dans le cas inverse, il ne faut pas tout laisser tomber mais prendre des avis spécialisés et modifier ses activités.

• *Les activités sportives*, limitées, dans notre propos, aux activités d'entretien et de loisirs. Chaque sport a sa dynamique et sa statique. Vous pourrez consulter en Annexes[1] la classification américaine de Mitchell réactualisée par l'European Society of Cardiology (ESC). Elle propose une grille schématique utile.

Du sport, oui, mais comment ?

Deux questions se posent :
• *je n'ai pas de maladies, suis-je apte au sport ?*
• *j'ai une maladie cardiaque, à quels sports suis-je apte et à quels dangers vais-je m'exposer ?*

Les activités sportives demandent un avis cardiologique selon leur nature et l'âge du sujet. Cet examen cardiologique vise à dépister des maladies cardio-vasculaires qui ne se manifestent encore par aucun symptôme, les conséquences physiques de maladies cardiaques déjà présentes, à préciser « la forme physique » du sujet et à orienter l'entraînement.

En 2009, vingt millions de Français ont pratiqué un sport de façon régulière[2]. Parmi eux, on compte treize millions de licenciés qui ont consulté un médecin. Ce qui fait tout de même entre sept et huit millions de personnes pratiquant un sport à leur guise, sans la moindre consultation médicale recommandée ni, *a fortiori*, obligatoire.

En cas d'absence de maladie
Les morts subites sur les terrains de sport, même en loisir, concernent une population de sujets jeunes, qui ont moins

---

1. Voir p. 222.
2. Dont les sportifs professionnels et de haut niveau.

de 18 ans dans 40 % des cas. Les sociétés savantes de cardiologie prônent donc de faire *des bilans réguliers* de « non-contre-indication à la pratique sportive ». Cela s'applique toutefois essentiellement à la compétition, et ces bilans sont disparates selon les pays : d'un simple interrogatoire chez les Nord-Américains à un ECG systématique à partir de 12 ans chez les Italiens. Pour les activités de loisir, l'examen médical n'a rien d'obligatoire et encore moins l'ECG, qui révèle pourtant un très grand nombre de maladies.

Avant 35 ans, les morts subites sont « associées » à l'intensité du sport[1], aux conséquences biologiques de l'effort (dont la production de catécholamines), avec risques d'*arythmies* qui révèlent une maladie sous-jacente méconnue : les battements du cœur anarchiques et sans efficacité ne propulsent plus suffisamment de sang dans les artères, principalement celles du cerveau (on perd connaissance) et celles du cœur.

Après 35 ans, *la maladie coronaire* est la principale cause des accidents cardiaques survenant dans un contexte d'effort, et ce, d'autant plus que l'on fume ou que l'on a trop de cholestérol.

Il est donc très recommandé, même si l'on reste dans le sport de loisir, que l'on n'est pas licencié et que ce n'est donc pas « obligatoire » :

• de s'alarmer d'un symptôme inhabituel, d'un « manque de forme » ;

• de voir un cardiologue ou un médecin du sport (même à ses frais…) qui fera un interrogatoire (antécédents familiaux

---

1. Ce qui n'est pas forcément synonyme de compétition : attention aux défis !

de mort précoce, quels sports, quelle intensité), un examen clinique (incluant le physique et le psychologique), un ECG de repos ;

- … et de tenir compte de leurs conseils !

En cas de maladie cardiaque

Le cardiaque peut-il faire du sport ? Lequel ? Il y a là plusieurs situations et beaucoup de questions soulevées : quel est le type de maladie cardiaque (problèmes de rythme et conduction, de valves, de coronaires, d'HTA, etc.) ? Quel est le degré d'entraînement ? La pratique d'un sport remonte-t-elle à la jeunesse (cas très fréquent) ? Quel sport veut être privilégié ?

La base des conseils tient du bon sens : le médecin n'autorisera le sport qu'en situation pathologique stabilisée, en dehors de toute compétition ou climat de compétition[1]. Il s'inquiétera aussi du type de sport et des conditions de sa pratique.

Armé d'un ECG (rythme, conduction), de tests d'effort (sans traitement pour connaître le niveau de risque et sous traitement pour voir si le risque est corrigé), d'un écho-Doppler cardiaque (type et degré d'hypertrophie ventriculaire, de gros cœur), parfois d'un Holter, le médecin aura un certain nombre d'arguments objectifs sur le niveau de risque : faible, intermédiaire, élevé. De ce fait, il sera en mesure d'autoriser, plus ou moins, tel ou tel sport.

Mais attention : le risque zéro n'existe pas ! Si le médecin parle de « non-contre-indication » et non pas d'« autorisation », ce

---

1. Le malade qui veut absolument gagner fait fi de ses limites et est hyper-dangereux pour lui-même… et pour le médecin !

n'est pas pour « se couvrir », mais parce qu'il n'est pas devin et que nombre de phénomènes aigus, imprévisibles, peuvent survenir de façon inopinée. Les mécanismes de la mort subite sont loin d'être élucidés. Elle est probablement le résultat brutal de réactions en chaîne de troubles cardiaques (rythme, conduction, rupture de plaques d'athérome…) et de troubles généraux (déshydratation, hypoglycémie…).

Certains principes de base sont donc à respecter par tout sujet qui a une activité physique et/ou sportive :
• respecter leurs trois phases dans le bon ordre : échauffement, travail, récupération active et douce (on ne s'arrête pas brutalement) en finissant par des étirements ;
• bien s'hydrater d'autant que la sortie est longue. Il faut normalement boire, comme tout le monde, au moins 1,5 l d'eau par jour. Dans les activités physico-sportives, il est indispensable de boire davantage. Combien ? C'est simple ! On se pèse avant et après l'effort et on boit, en litres, le nombre de kilos perdus ;
• tenir compte des conditions de chaleur, de froid, d'alimentation si l'on est fébrile, et savoir s'abstenir. En particulier, chez le sujet cardiaque ou plus très jeune, il faut savoir exclure tout esprit de compétition, et tenir compte des risques liés directement à certains médicaments ;
• bannir tout tabagisme dans les trois heures de récupération (gros risques de thrombose) et d'ailleurs ne plus fumer du tout, définitivement ;
• savoir s'alerter d'un symptôme et/ou d'une baisse des performances, ne pas lui trouver une explication inepte,

« consulter » son cardiofréquencemètre. Dans ces situations nouvelles, il faut s'arrêter et aller consulter rapidement ;

• en cas de maladies cardiaques, se limiter aux efforts à composante dynamique et exclure les efforts faits « en respiration bloquée ».

Cas particuliers

La compétition

Le sportif de compétition, même si la compétition à laquelle il participe n'est pas « grandiose » et ne fait pas la une des journaux sportifs, est « un être à part » pour le médecin, en général un cardiologue compte tenu des risques encourus, des contraintes des assurances des fédérations, etc.

Dans la compétition, le sportif et le médecin ont des buts schématiquement divergents :

• le sportif de compétition a un seul but à court terme : gagner et ce, quel que soit le prix à payer physiquement ;

• le cardiologue, au contraire, se projette dans l'avenir dans un but de prévention et de santé globale. En plus, il peut être perçu comme « un Père Fouettard » puisque, selon ce qu'il trouve dans les examens, il peut obliger à modifier, arrêter un entraînement, un sport, etc.

Ce risque de « dépasser » coûte que coûte ses propres capacités est très fréquent. Longtemps vécu comme un bénéfice qui peut être tout à fait réel, c'est un trait psychologique que l'on garde toute sa vie, il faut en connaître les risques, quel que soit l'âge. *A fortiori*, il faut savoir s'en dépêtrer quand on devient « senior » ou « vieux » (75 ans, selon l'OMS…).

Le sport de haut niveau et le sport professionnel

Cette situation sportive est particulière, très « spéciali-sée », même pour le médecin. Elle remplit beaucoup de dossiers de jurisprudence et elle sort des limites de ce livre. Rappelons que ces sujets ont des examens cardiologiques obligatoires et répétés, ce qui confirme que le risque zéro n'existe pas !

Des circonstances individuelles

• Il faut savoir repousser son activité si l'on est « patraque », si l'on a de la fièvre, une infection quelconque (rhume, gastro-entérite…).

• Il faut savoir où et comment on va pratiquer son activité physique qui, par des circonstances extérieures inhabituelles, va devenir beaucoup plus contraignante. Prenons l'exemple des randonnées : tout se passe bien mais, un jour, il pleut, il vente ou les côtes sont plus nombreuses, plus pentues et, évidemment, la contrainte physique est beaucoup plus forte. Ce n'est pas la même chose de faire du golf à plat, les mains quasiment dans les poches ou au contraire en terrain vallonné, en portant son sac. De même, se jeter dans de l'eau glacée augmente l'effort du cœur et peut désamorcer la pompe. Si, en plus, on n'a pas pied…

• Il faut se renseigner sur le degré et la durée des efforts physiques qu'il faudra assurer lors de certains voyages en altitude, en terrain « hostile ».

• Il faut connaître sa maladie et ses risques, notamment le diabète et ses hypoglycémies.

• Il faut éviter les sports à risque de collisions quand on est sous traitement anticoagulant.

• Enfin, il faut avoir un téléphone portable sur soi.

178

Pour conclure sur ce thème, n'oublions pas que c'est justement parce que l'on a pris *les précautions adaptées* que l'on évite l'accident. Alors marchons, pédalons, nageons, dansons et cultivons notre jardin : c'est bon pour les jambes, c'est bon pour la tête !

Cœur et dents

La relation entre le cœur et les dents est déterminée par trois situations : celle des facteurs de risque, celle des soins dentaires et celle de la prophylaxie (prévention) bactérienne.

Les facteurs de risque

On constate beaucoup de rétractions de gencives et d'infections en présence de facteurs de risque comme le tabac ou le diabète. À la longue, le malade s'édente – n'oublions pas non plus le lien dangereux entre les cancers de la bouche et le tabac.

Les soins dentaires

Les soins dentaires sous traitement *anticoagulant* et/ou *antiagrégant plaquettaire* et/ou *anesthésie* doivent faire l'objet d'une attention particulière.

• L'époque est révolue où le traitement *antithrombique* (antivitamine K) était bousculé pour éviter des risques éventuels de saignements, remettant le malade dans une situation de grande vulnérabilité potentielle vis-à-vis des thromboses et des embolies. Même si c'est un peu caricatural, c'est quand même bête de faire une hémiplégie pour une quenotte ! Le consensus « dento-médical » est actuellement général : *les traitements antithrombiques ne doivent pas être arrêtés !* Pour une opération dentaire chez un malade sous anticoagulant, la surveillance passe par un test sanguin appelé INR : la valeur de l'INR ne doit pas dépasser 3, et le chirurgien utilise tous les nouveaux moyens locaux pour assurer la coagulation.

• Pour les antiagrégants plaquettaires, *surtout, aucun arrêt.* La « précaution » conseillant un « petit » arrêt la veille, avec reprise du traitement le lendemain, est dangereuse. Elle peut favoriser des hémorragies importantes et surtout *retardées*, plusieurs jours après l'opération, alors qu'on ne se méfie plus et qu'on peut être loin d'un centre dentaire. Pour limiter les risques hémorragiques post-opératoires, les conseils sont à respecter à la lettre : ne pas cracher pendant les vingt-quatre heures suivant l'acte, sous peine de « chasser » le caillot et saigner à nouveau (il faut tout avaler !), manger tiède ou froid (ceux qui aiment les glaces vont avoir une belle excuse), aucun sport et pas de piscine pendant trois jours.

• Il faut éviter que le sujet cardiaque, voire le sujet âgé, soit soumis à des soins dentaires sous *anesthésie avec adrénaline.* L'adrénaline est en effet un puissant vasoconstricteur. Pour un sujet en bonne santé cardio-vasculaire, son intérêt est de limiter la dose de produit anesthésiant, maintenu plus longtemps localement grâce à la vasoconstriction.

La prophylaxie bactérienne

La bouche est le refuge de nombreux microbes qui vont aisément passer dans le sang en cas de lésions des gencives et plus encore de soins dentaires invasifs. Une fois dans la circulation générale, ces microbes parviennent jusqu'au cœur. De surcroît, les tissus cardiaques « anormaux » et les matériels intracardiaques (prothèse valvulaire, par exemple) sont particulièrement « capteurs » de microbes. L'infection s'installe à bas bruit dans le cœur : c'est une septicémie, dont on peut encore mourir de nos jours.

Récemment, sur des arguments épidémiologistes regroupant toutes les sociétés savantes, les recommandations ont été simplifiées :

• Les traitements antibiotiques préventifs, prescrits de manière systématique lors de soins dentaires, en dehors de toute infection, sont abandonnés et réservés aux malades ayant un *haut risque d'endocardite* (infection des valves), c'est-à-dire :

— ceux qui ont déjà eu une endocardite ;

— ceux qui ont une prothèse valvulaire et/ou un matériel intracardiaque ;

— ceux qui ont une cardiopathie congénitale, opérée ou non.

• En dehors de ces cardiopathies, le dentiste et le médecin peuvent toutefois décider ensemble de faire suivre un traitement antibiotique préventif à certains malades fragilisés par d'autres pathologies.

• En cas d'infection, le traitement est en revanche obligatoire, en prise unique avant l'acte ou en continu, selon le cas du malade.

Le diagnostic d'endocardite est encore très difficile : il nécessite de nombreux examens qui imposent plusieurs jours d'hospitalisation. Les traitements médicaux, longs et délicats, parfois une chirurgie à cœur ouvert, n'empêchent pas qu'on puisse en mourir.

Plus de la moitié des endocardites surviennent sur un cœur apparemment sain : il est donc très fortement recommandé d'assurer *une réelle et efficace hygiène buccodentaire avec dépistage et soins précoces.* L'infection dentaire ne présente pas ou peu de symptômes (douleurs éphémères, petits saignements…) : quand on a mal, c'est que l'infection est déjà très importante.

En résumé :

• Les recommandations *dentaires* portent sur l'*importance majeure de l'hygiène* : consultation dentaire une fois par an, avec le plus souvent un détartrage, chez tous les sujets. Chez les patients à risque (cardiaques, diabétiques) : la même chose, mais deux fois par an.

• Les recommandations *cardio-vasculaires* portent sur *la surveillance du maintien des traitements* anticoagulants et/ou antiagrégants plaquettaires, la recherche fréquente, chez les malades à risque d'endocardite, des marqueurs d'infection et/ou d'inflammation, et enfin le rappel de la nécessité des consultations dentaires régulières.

Cœur et sexualité

L'activité sexuelle fait partie de la vie quotidienne, mais le sujet reste tabou. Deux situations permettent de lever le voile.

• *On ne se sait pas malade, mais il y a des « ratés » ou ça ne « fonctionne » plus du tout.* On a vu[1] combien parler de son impuissance et de ses troubles de l'érection, troubles pourtant naturels, était encore difficile et délicat. C'est toujours sur le mode de l'aveu, rarement direct – 80 % des malades attendent que le médecin aborde la question –, et surtout très ou trop tardif.

La dysfonction érectile n'est souvent que la partie émergée de l'iceberg, grand témoin de la maladie artérielle athéromateuse, elle-même grande pourvoyeuse d'infarctus, d'accidents vasculaires, etc. Il faut abandonner l'idée reçue que ce sont les médicaments pour le cœur ou pour l'HTA (les bêtabloquants sont la bête noire !) qui en sont la cause : non, ce ne sont pas les médicaments, c'est parce que l'on a (toutes) les artères malades !

• *On est « cardiaque », on le sait et on se demande si on prend un risque* pour sa santé en se permettant quelques ébats. Deux questions se posent alors : est-on en période

---

1. Voir p. 104.

stable ou aiguë de sa maladie cardio-vasculaire ? Quels degrés d'efforts peut-on se permette ?

En ce qui concerne *le stade de la maladie*, en pratique, lorsqu'on est sorti de l'épisode aigu, l'activité sexuelle peut être reprise à partir du moment où l'on peut monter deux étages sans être essoufflé.

Quant à *l'intensité des efforts* réalisés, la vraie question est en fait : quelle consommation d'oxygène (activité métabolique) va être dépensée pendant l'acte ? Souvent, le malade ajoute : « Est-ce que mon stent va tenir ? » Eh bien, il faut s'y résoudre, lors du rapport sexuel, la dépense énergétique est modeste. Si on l'exprime en « équivalent métabolique » (MET), elle représente 3 MET, guère plus que faire la vaisselle et deux fois et demie moins que laver sa voiture à la main. Ces activités-là sont évidemment bien moins ludiques et on ne peut réduire l'acte sexuel à une simple activité « musculaire » : la part émotionnelle (avec tachycardie, montée de tension) peut être intense.

Il faut savoir se méfier des « reprises » après une longue période de « calme plat ». Les morts subites au cours des rapports sexuels sont rares (0,6 % des cas de mort subite) et surviennent le plus souvent lors de relations extraconjugales. De toute façon, plutôt que de rester dans le flou d'appréciations plus ou moins hasardeuses, le mieux est de faire un test d'effort : il a été démontré que, s'il n'y a pas d'ischémie au test d'effort, il n'y en a pas non plus pendant les rapports, et inversement.

Chapitre 5

LES TRAITEMENTS

Les traitements sont de trois types : médicamenteux, médico-chirurgicaux et chirurgicaux. Ils peuvent être associés les uns aux autres ou se succéder, chez un même malade.

Les médicaments

Leur but est de soigner la maladie artérielle ou cardiaque, ses complications éventuelles, et de prévenir les récidives.

Ceux qui soignent

Les diurétiques : ils augmentent l'élimination du sel et donc de l'eau par les reins. Ils sont très utiles dans l'hypertension artérielle et pour réduire la congestion de l'insuffisance cardiaque. Beaucoup de malades s'en plaignent, mais s'ils réduisaient d'eux-mêmes la quantité de sel de leur alimentation, « l'effet diurétique » serait bien plus faible. Ils nécessitent de surveiller les électrolytes dans le sang (le sodium, le potassium, etc.), l'état d'hydratation et les doses sont souvent à diminuer quand il fait très chaud ou si l'on est fébrile.

Les bêtabloquants : ils facilitent le travail du cœur en le ralentissant, en diminuant la tension artérielle et donc en abaissant ses besoins en oxygène. Ils sont toujours indispensables dans la maladie coronarienne (infarctus, etc.) et, grâce à eux, on a réellement commencé à voir une lumière d'avenir post-infarctus. Dans l'hypertension artérielle, ils ont un peu perdu leur place dominante.

Les inhibiteurs calciques : ils sont toujours largement utilisés. Ils s'opposent à la pénétration du calcium dans les cellules musculaires des artères, avec au final une action vasodilatatrice qui diminue la résistance à l'écoulement du sang, donc la pression artérielle et, en conséquence, le travail du cœur. Tout cela est bénéfique pour l'hypertendu coronarien, avec une bonne tolérance, si ce n'est la tendance à l'œdème périphérique des membres inférieurs.

Les inhibiteurs de l'enzyme de conversion : après avoir montré leur efficacité dans l'hypertension artérielle, ils ont fait la révolution dans le traitement des cardiopathies ischémiques et sont devenus indispensables dans toutes les situations où il est nécessaire d'améliorer la fonction cardiaque (qualité de la pompe). Dans l'insuffisance cardiaque, les doses sont d'abord très faibles puis augmentées progressivement selon la tolérance. Ils ont malheureusement l'inconvénient de déclencher des toux sèches très désagréables.

Les antiangiotensine : ce sont les cousins de la famille précédente. Ils ont montré également beaucoup d'efficacité dans les mêmes maladies. Ils bloquent le système rénine-angiotensine et diminuent l'action de l'angiotensine II. Le nouveau venu, commercialisé en 2009, est le premier inhibiteur direct de la rénine. Il est très prometteur en matière d'efficacité et de tolérance, seul ou en association.

Les autres antihypertenseurs et les médicaments du diabète : nous les avons détaillés avec leurs indications respectives (voir p. 43).

Ceux qui préviennent les récidives

Les antiagrégants plaquettaires : leur ancêtre est l'aspirine à petites doses, relayé par le clopidogrel et bientôt de nouvelles molécules. Leur effet est de diminuer l'agrégation des plaquettes sanguines, premier temps de la formation d'un caillot. Ils favorisent aussi la bonne réépithalisation des matériels étrangers comme les stents, c'est-à-dire la reformation d'une couche protectrice au contact du sang. Ils ont un certain pouvoir hémorragique mais, aux doses habituelles, on ne constate que quelques ecchymoses, disgracieuses mais sans danger.

Les anticoagulants : en comprimés, ce sont les **anti-vitamine K** (AVK). Leur efficacité, et donc la dose de produit à prendre, est appréciée par le test sanguin de l'INR. Ces médicaments sont d'action retardée et prolongée : après l'arrêt, leur action est maintenue trois jours, ce qui est un risque important s'il y a une hémorragie. Le dosage de l'INR doit être fait fréquemment, au moins une fois par mois, et chaque fois que la dose est changée : si l'INR est trop bas, il y a en effet risque de thrombose et d'embolie ; s'il est trop haut, il y a risque hémorragique. La « fourchette » de l'INR la plus utilisée, pour la plupart des maladies nécessitant ce traitement, est entre 2 et 3 (la normale est autour de 1,2).

Ce n'est pas toujours facile de stabiliser cet INR, car les aliments et les médications associées modifient l'absorption de la vitamine K ou le métabolisme des AVK eux-mêmes.

Le plus simple est de supprimer les aliments riches en vitamine K (choux, brocolis, épinards, navets, laitue, thon, foie) et de varier quotidiennement les légumes.

Heureusement, *une nouvelle classe* va arriver (l'antithrombine) et ne nécessitera plus toute cette surveillance.

En injections : ce sont les *héparines* réservées à des situations aiguës. Leur action est immédiate et brève (de douze à vingt-quatre heures). Les injections se font, selon les cas, une ou deux fois par jour, ou en perfusion à la seringue électrique, à l'hôpital.

Les thrombolytiques : ils sont utilisés exclusivement à l'hôpital, en perfusion intraveineuse régulée par seringue électrique, pour désobstruer le vaisseau thrombosé. Cette technique est principalement utilisée dans le traitement ultraprécoce des infarctus et des AVC ischémiques. Ces produits possèdent des risques hémorragiques et nécessitent donc une observance et une surveillance très strictes.

Les anticholestérol, notamment **les statines**, sont des médicaments majeurs qui vont encore sûrement élargir leurs indications. Ils sont décrits dans la partie consacrée à l'hypercholestérolémie (voir p. 62).

Notion importante : ces médicaments doivent être pris régulièrement. Il ne faut pas les arrêter sous des prétextes fallacieux et fantaisistes. Tous peuvent avoir des effets indésirables, il faut donc en parler au médecin.

Les traitements médico-chirurgicaux

Ce sont principalement les angioplasties avec pose de stent et les traitements électriques.

L'angioplastie

Elle consiste à forcer le barrage que constitue une artère rétrécie, voire occluse. Pour cela, en hospitalisation, on monte une sonde munie d'un ballonnet gonflable jusqu'à la sténose. Le ballonnet est progressivement gonflé, dilatant localement le rétrécissement et rétablissant le passage du sang. C'est une technique sanglante (invasive), du même type que celle utilisée pour faire toutes les artériographies. Elle nécessite une préparation et une surveillance adéquates.

La pose d'endoprothèse (ou stent)

Le stent, sorte de petit tuyau à paroi en grillage métallique, souple, a été inventé par un Américain, le Dr Stent. Le stent est placé, immédiatement après le geste d'angioplastie, dans la zone dilatée et sert de « forme » dans la lumière de l'artère qui reste béante. L'apport des stents a très fortement amélioré les suites des dilatations en limitant le nombre de re-sténoses.

Deux sortes de stents sont utilisées :

• *les stents actifs*, enrobés de produits limitant la réaction inflammatoire de la paroi artérielle et donc le risque de re-sténose. Le traitement antiplaquettaire qui est prescrit ensuite doit être suffisant et prolongé au moins un an. Le choix de ces sents actifs est guidé par le haut niveau de risque cardio-vasculaire du malade et/ou le caractère « difficile » de la sténose ;

• *les stents nus*, les premiers à avoir été utilisés, ne sont pas recouverts de produits actifs.

Dans l'avenir, on utilisera probablement des stents bio-dégradables, ce qui évitera peut-être de voir des artères *métallisées* par une succession d'endoprothèses.

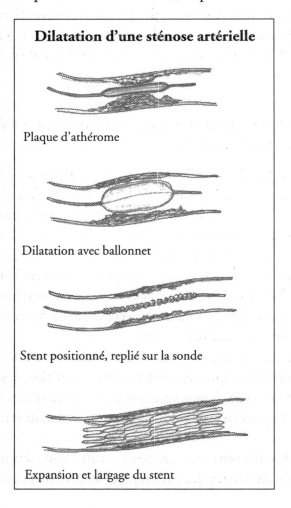

Dilatation d'une sténose artérielle

Plaque d'athérome

Dilatation avec ballonnet

Stent positionné, replié sur la sonde

Expansion et largage du stent

Dans la maladie coronarienne, les angioplasties sont très utilisées parce que les preuves de leur efficacité ne se comptent plus, à ceci près qu'elles ne supplantent toujours pas les pontages chirurgicaux, à long terme pour la mortalité.

Dans les autres pathologies comme la sténose de l'artère carotidienne et l'anévrisme de l'aorte abdominale, en France, les résultats des angioplasties sont très inférieurs à ceux des endartériectomies et des pontages, sur le critère de mortalité toutes causes confondues. Mais c'est quand même bien utile quand la chirurgie est contre-indiquée ou impossible.

Les traitements électriques : stimulateur et défibrillateur implantables

Le stimulateur (ou pile ou pacemaker) est un petit ordinateur dans un boîtier relié à deux sondes (une dans l'oreillette, l'autre dans le ventricule droit), implanté superficiellement sous la peau, sous la clavicule. Son rôle est de remédier à des pauses ou à des arrêts des battements cardiaques responsables de malaises ou de syncopes. Une nouvelle technique utilise trois sondes dans certaines insuffisances cardiaques, où il faut assurer une synchronisation entre les contractions des deux ventricules.

Ce traitement est peu contraignant mais il y a des mouvements à éviter, comme les mouvements circulaires des bras (scier du bois, etc.). Il faut aussi éviter les chocs thoraciques et refuser de passer à travers les détecteurs de métaux dans les aéroports.

Le défibrillateur est un petit ordinateur, implanté comme le stimulateur, qui peut repérer le trouble du rythme dangereux et envoyer un choc électrique pour le réduire. Il est indiqué chez les malades pour lesquels les médicaments sont inefficaces ou très mal tolérés. La décharge du choc électrique est douloureuse, mais les malades « l'acceptent », puisqu'il y va de leur survie.

La chirurgie

C'est un vaste sujet qui sort du cadre de ce livre, puisque la chirurgie peut réparer les valves, le cœur lui-même, jusqu'à la transplantation. En ce qui concerne les artères périphériques et coronariennes, le traitement chirurgical consiste en un ou plusieurs *pontages* : le chirurgien va court-circuiter la région « malade » en utilisant, localement ou en les prélevant, des artères (mammaires, radiales), des veines (les veines saphènes) ou bien des prothèses en matériel synthétique tissé. La chirurgie de pontage sauve l'organe en perdition, mais si l'on ne veut pas repasser sur la table d'opération, il faut se tenir fermement aux recommandations de prévention.

Chapitre 6

LA PRÉVENTION

Prévenons, prévenons,
il en restera toujours quelque chose !

La prévention individuelle

Il existe des cas où, malheureusement, certains sujets développent des maladies cardio-vasculaires alors qu'ils n'ont pas de facteurs de risque apparents. Inversement, on constate parfois qu'un individu « bon vivant », sédentaire, reste indemne ou ne commence sa maladie vasculaire qu'à un âge avancé.

Il y a là comme un relent d'injustice. Comme pour beaucoup de choses, c'est vrai, il n'y a pas d'égalité devant la santé. La médecine est encore bien loin de tout connaître et il faut bien considérer que, pour l'essentiel, l'équation « je ne ressens rien = je n'ai rien », est majoritairement fausse.

Il faut donc être attentif à sa santé, en trouvant le « juste milieu » (au sens d'Aristote) qui permette :

• d'un côté, de profiter des bonheurs naturels et de tout ce qui fait les agréments sains de la vie, mais sans excès (au sens d'Épicure) ;

• d'un autre côté, de rester vigilant en s'obligeant à prendre, de temps en temps, l'avis médical indispensable au dépistage et aux conseils nécessaires pour garder un bon équilibre physique et psychologique. *« Mens sana in corpore sano »*, dit la maxime[1] : « Un esprit sain dans un corps sain. »

---

1. Juvénal, *Satires.*

Chez un sujet à risque, la nature de la prévention diffère selon qu'une complication cardio-vasculaire s'est déjà manifestée ou non. Si aucun accident n'est encore survenu, il s'agit de *prévention primaire.* Dans le cas contraire, c'est de *la prévention secondaire.* La différence entre les deux est que l'observation des consignes de prévention primaire est empreinte d'une certaine souplesse liée à la relative sérénité de la situation, alors que les contraintes de prévention secondaire doivent être rigoureuses, voire drastiques, si l'on veut se donner une chance de ne pas récidiver. Mais, de toute façon, elles reposent toutes deux sur le socle immuable *des règles hygiéno-diététiques : pas d'obésité, pas de tabagisme, activité physique régulière, contrôle de l'hypertension artérielle, du diabète, des lipides sanguins.*

La prévention collective

« Il n'y a qu'un pouvoir, qui est militaire.
Les autres pouvoirs font rire, et laissent rire. »

Alain, *Le Citoyen contre les pouvoirs*.

Depuis des années, les pouvoirs publics réitèrent les alertes concernant les problèmes de santé et de vie évitables, puisqu'ils dépendent de la nature de nos comportements individuels et sociaux, qu'il s'agisse des accidents de la route, de l'alcoolisme, du tabagisme, etc. Plus personne ne nie l'effet bénéfique de l'obligation de réduire notre vitesse sur les routes. Mais qu'en est-il de l'efficacité des messages de prévention de sécurité ou de santé publique ?

Quelle est l'utilité des messages ?

L'alcoolisme au volant a très nettement diminué, mais il faut des mesures policières de plus en plus drastiques pour obtenir le même effet de réduction du nombre de morts sur les routes. Les nouvelles habitudes (recherche de l'ivresse), le plus jeune âge des alcooliques, l'association à d'autres drogues en sont-ils la cause ?

Il a fallu attendre la preuve de la nocivité du *tabagisme passif* (égale à celle du tabagisme actif) pour que l'interdiction de fumer dans les lieux publics se fasse loi, puis passe laborieusement de la loi aux faits.

L'expérience de l'interdit ne peut être abolie mais, en attendant le résultat de ces mesures récentes, on peut espérer que le fait de limiter les circonstances et les occasions de ce passage à l'acte réduise quantitativement le risque.

Pour les maladies et les facteurs de risque, les médecins n'ont pas toujours la pugnacité nécessaire pour expliquer et faire appliquer aux malades les mesures préventives simples qui ont démontré leur efficacité.

L'étude Ford en 2007 montre que *la baisse de mortalité* dans les pays occidentaux, entre 1968 et 2000, est due pour 45 à 60 % à la prévention – c'est-à-dire à la prise en charge de certains facteurs de risque : HTA, tabac, cholestérol… – et pour seulement 25 à 40 % à l'amélioration des traitements. Pourtant, cette analyse montrant l'importance de la prévention n'a pas eu l'impact pratique qu'elle méritait. On se contente toujours de tensions artérielles pas très fortes mais trop élevées[1], les traitements antiplaquettaires sont arrêtés ou réduits à des doses inefficaces[2] au moindre petit saignement de nez ou petite ecchymose… On ne « s'acharne » pas sur l'obésité infantile qui gagne du terrain et qui va faire les maladies de demain. Et ainsi de suite, la liste est longue…

Les messages sont-ils mal faits ?

Un message est un message ! Par exemple : « Un train peut en cacher un autre. » Ce message, correctement affiché

---

1. En 2008, seuls deux hypertendus sur cinq sont aux objectifs, c'est-à-dire avec des chiffres en dessous de 140/90 mmHg (étude EUROASPIRE dans 22 pays européens).
2. Études Partners 4, REACH.

au bon endroit, paraît simple et intelligible. Pourtant, il peut n'être ni vu ni compris par un certain nombre de personnes. Ce n'est pas le message qui est mauvais en soi, mais des circonstances imprévues (chocs affectifs, retard, urgence...) peuvent faire qu'une personne, au demeurant saine d'esprit, va « s'égarer », c'est-à-dire perdre l'espace d'un instant l'appréciation normale de la situation et passer en force le passage à niveau, se tuer et peut-être tuer beaucoup de monde. En revanche, la construction de passages souterrains éradique ici le risque. C'est la même chose en médecine. Le risque d'un abcès, par exemple, secondaire à une piqûre d'insecte (circonstance imprévisible), est la septicémie, qui peut être mortelle. La prévention d'une telle complication, c'est le traitement qui consiste à enlever l'abcès (disparition du risque).

Il est rare d'avoir la possibilité d'abolir un risque. La prévention constitue alors l'unique moyen de s'en prémunir éventuellement. Le message ne doit pas se contenter d'être informatif mais doit répondre à un objectif de résultat, avoir l'impact nécessaire – ce qui dépend de sa qualité, de sa pertinence et de son mode de diffusion. Les messages sur l'utilisation des préservatifs dans la prévention du sida sont beaucoup moins écoutés et appliqués, probablement parce que la peur d'une mort précoce s'est éloignée, parce qu'ils sont devenus plus rares et, peut-être, parce que « contrainte du préservatif » a été sublimée en « plus grande fidélité ».

La qualité du message

Beaucoup se souviennent du bruit médiatique du message : « Un verre, ça va, trois verres, bonjour les dégâts ! » En revanche, le slogan « Tu t'es vu quand t'as bu ? » ne s'est pas autant gravé dans les mémoires, probablement parce que ce message ne crée rien. Le premier était à la fois un ordre (« ça va, ça suffit »), une description des faits (les dégâts de l'alcoolisme) et montrait que la société française avait fait le tour de la question des bienfaits et des conséquences nuisibles du vin. Le second message est un peu comme tous ces films qui s'essaient à refaire *La vie est un long fleuve tranquille* : mêmes problèmes de société, rien de nouveau, ça lasse…

De la même façon, une trop grande généralité du message peut être néfaste et aller à l'encontre du but recherché :

• « Mangez 5 fruits et légumes par jour » : beaucoup de gens ont compris « 5 fruits » ou « beaucoup de fruits et peu de légumes » ; pour d'autres, les pâtes et le riz font partie des légumes… Évidemment, cela n'a guère amélioré les glycémies ni le surpoids de certains ;

• « Buvez, buvez quand il fait chaud ! » : action très justifiée… mais pas quand la personne a une insuffisance rénale, ce qui est très fréquent chez les personnes âgées. On risque alors de s'intoxiquer à l'eau : mieux vaut prendre l'avis du médecin !

L'industrie alimentaire inonde les médias de campagnes publicitaires pour lutter contre l'excès de cholestérol. En soi, c'est parfait, mais elles présentent un biais qui arrange le commerce :

• Dans une de ces publicités, un homme, armé d'une belle poêle de cuisinier, essaie de convaincre des amis, dans un esprit de joyeuse convivialité et de confusion entretenue entre santé cardio-vasculaire et cholestérol, de l'intérêt des oméga 3 (quels ignares, ils ne connaissent pas encore les dangers de l'excès de cholestérol !). Certes, ces oméga 3 sont « bons » pour le système cardio-vasculaire (plus de fluidité du sang, réduction des troubles du rythme post-infarctus, etc.), mais ils sont sans aucun effet direct sur le taux de cholestérol. Celui-ci va baisser *parce qu'on remplace – remplacer, et non ajouter –* les graisses saturées[1] par des graisses polyinsaturées, dont les oméga 3. Il faut regarder attentivement cette publicité pour comprendre le mécanisme d'action. Le message manque de franchise et de clarté et engage à prendre des oméga 3 *en plus*, sans s'occuper du reste.

• Les anticholestérol, qui sont des produits du commerce enrichis en phytostérols[2], tels Fruit d'Or pro-activ et Danacol, font réellement, par eux-mêmes, baisser de 10 % le taux de « mauvais » cholestérol (le LDL-C), indépendamment des autres mesures diététiques. Là, c'est clair et efficace, mais beaucoup de ces messages publicitaires ne sont pas assez accrocheurs ni distinctifs (oméga, produits « allégés »…) et ne convainquent pas de la réalité de leur action, démontrée médicalement mais à utiliser seulement dans l'hypercholestérolémie.

Par expérience, on constate que la plupart des malades font l'amalgame de toutes ces publicités qui, il est vrai, s'améliorent avec des messages plus clairs, plus courts.

---

1. Voir p. 94.
2. Des esters de stérol, le cholestérol des végétaux.

Alors, que faire ?

• *Ne pas croire n'importe quoi* parce que « ça passe à la télé », lire les étiquettes des produits en détail, sans se limiter au mot accrocheur. Par exemple, « source » d'oméga 3 veut dire que le produit contient au maximum 15 % des apports conseillés pour un adulte ; un produit « riche en » oméga 3 en contient 30 %. Et tout cela peut être noyé dans un aliment bourré de graisses saturées… Le succès ne sera pas au bout du paquet !

• *Appliquer déjà ce qui est simple et démontré,* c'est-à-dire ne pas fumer, bouger, mieux manger : au quotidien, pas de mauvaises graisses, pas trop de sel ni de sucre, préférer un peu de « vrai » à beaucoup de « faux allégé » et surtout, ne pas devenir un malade avant l'heure et, de temps en temps, ne pas oublier de rire et de faire la fête.

• *Parler et demander conseil à son médecin* : ce qui est bon pour le voisin ne l'est pas forcément pour soi, *chaque personne est un cas particulier.* Seul le médecin peut savoir ce dont on a besoin, pourquoi on en a besoin et comment on va réussir à le réaliser. Lui seul peut éviter les conséquences désastreuses d'« excès de régimes » inappropriés.

• *Surtout,* ne pas attendre les messages publicitaires pour agir ou réagir. À la manière de John Fitzgerald Kennedy : ne vous demandez pas ce que les collectifs de la santé peuvent faire pour vous, mais ce que vous pouvez faire, vous, pour votre santé !

ANNEXES

Annexe I

Un peu d'histoire

C'est dans l'histoire que plongent les racines de notre savoir. Notre médecine contemporaine ne date que d'hier mais son épanouissement actuel s'érige à la fois sur les acquis millénaires et l'avènement, somme toute récent, de la méthode expérimentale qui dédaigne toute abstraction spéculative. L'histoire de la circulation sanguine dans le cœur et les vaisseaux répond à ce cheminement. Il faut attendre 1628 pour que toute la réalité en soit décrite par un médecin anglais, William Harvey.

Le fonctionnement de la circulation sanguine est inconnu des médecines primitives (assyro-babylonienne, égyptienne…), où dominent plutôt les considérations de nature symbolique et emblématique. Mais si le magique est progressivement supplanté par l'observation clinique, les conceptions physiologiques erronées se perpétuent au fil des âges.

Pour la médecine d'Hippocrate, dans l'Antiquité, il est bien admis que le cœur et les veines assurent la circulation du sang. Mais dans les artères, c'est de l'air (*pneuma*) qui circule. Platon, Aristote ou Érasistrate de Cos entérinent cette idée qui règne sur la médecine grecque et romaine jusqu'au IIe siècle de l'ère chrétienne.

Avec Galien (131-vers 201), les connaissances anatomiques progressent et bouleversent un tant soit peu les
notions hippocratiques établies sur la circulation. Bien sûr, il
considère toujours que l'origine du sang est dans le foie,
mais il reconnaît qu'il circule aussi bien dans les artères que
dans le cœur et les veines, pour nourrir les organes. De surcroît, il remarque que ce n'est pas le même sang qui coule
dans les veines et les artères. Celui des veines contient « un
peu d'air vaporeux », tandis que les artères renferment « un
sang ténu, pur, subtil », plus riche en *pneuma*, et possèdent,
outre une vertu « pulsifique » (c'est-à-dire pulsatile), une
fonction rafraîchissante. Pour Galien, « le sang droit se
répand de façon excentrique, du cœur vers les extrémités, le
sang gauche se répand de façon également excentrique, pour
nourrir d'esprit vital les organes et pour les rafraîchir ». Mais
le bon fonctionnement de l'ensemble nécessite un passage
du sang droit vers le sang gauche. Galien le sait mais ne le
trouve pas. Alors, il s'invente une communication poreuse à
travers la paroi des ventricules du cœur, ce qui peut se comprendre car cette paroi, le septum, est criblée de petites cavités… Néanmoins, c'est ici le raisonnement qui domine,
s'adapte et l'emporte sur l'observation ! La médecine galé-
nique s'instaure en dogme pour quinze siècles en Occident.

André Vésale (1514-1564) fait, lui aussi, un remarquable
travail d'anatomiste et publie en 1543, puis en 1555, les
deux volumes de son *De corporis humani fabrica*. En fait, il
ne s'éloigne pas trop des conceptions physiologiques de
Galien. Même s'il doute que la cloison entre les ventricules
soit perméable, il reconnaît préférer avoir tort avec Galien
que raison tout seul… Vésale écrit : « J'ai suivi en grande
partie les dogmes de Galien, non pas que je croie que tout

soit conforme à la vérité, mais parce que, dans le nouvel usage à donner aux organes, je n'ai pas assez confiance en moi et que je n'oserais m'écarter de longtemps, même de la largeur d'un ongle, de la doctrine de Galien, prince des Médecins. »

Malgré tout, les éléments de la vérité s'assemblent peu à peu. Au XVIe siècle, parmi les précurseurs auxquels il faut rendre hommage, bien que leurs noms ne soient pas bien connus, mentionnons Realdo Colombo (1516-1559), avec *De re anatomica*, Andrea Cesalpino (1519-1603), mais surtout Michel Servet (1511-1553), auteur du *Christianismi restitutio*, où il décrit la petite circulation (ou circulation pulmonaire), c'est-à-dire la circulation du ventricule droit vers le ventricule gauche à travers les poumons : l'un des chaînons manquants depuis Galien. Avait-il eu connaissance des travaux d'Ala Ad-Din ibn An Nafis (1120-1288 ou 1296) ? Ce médecin syrien oublié réfutait déjà, au XIIIe siècle, le passage du sang à travers la cloison inter-ventriculaire du cœur et évoquait l'évidence de la circulation pulmonaire. L'hypothèse est peu probable… Doublement condamné pour hérésie par l'Inquisition et par Calvin, Michel Servet est brûlé vif sur le bûcher, avec son livre, le 27 octobre 1553, près de Genève.

Enfin, la réalité complexe du fonctionnement de la circulation sanguine s'expose de façon démonstrative en 1628, dans l'*Exercitatio anatomica de motu cordis et sanguinis in animalibus* du médecin anglais William Harvey (1578-1657). Il y décrit le mouvement du cœur et ses contractions, avec la systole comme phase active, le mouvement des artères, des oreillettes et des ventricules. Il argumente la petite circulation, ébauche la grande circulation pour laquelle il lui manque une pièce du puzzle, le dernier chaînon manquant :

les capillaires. Cinq chapitres sont consacrés au retour veineux et il démontre que le sang va bien des artères vers les veines.

L'ouvrage a un retentissement énorme en Europe et suscite une controverse de même ampleur. C'est alors une guerre acharnée entre « circulateurs » et « anticirculateurs », dont la Faculté de Médecine de Paris, par les voix de Jean Riolan et Gui Patin, représente la faction la plus virulente. La querelle va durer plus de quarante années… En décrivant, en 1661, les capillaires pulmonaires, c'est-à-dire l'authenticité du raccordement artério-veineux dans les tissus, Marcello Malpighi (1628-1694) porte un coup sévère aux détracteurs de William Harvey.

Enfin, c'est Louis XIV qui met un terme à la querelle en 1673 en ordonnant qu'on enseigne, au détriment de la Faculté, « l'anatomie de l'homme suivant la circulation du sang et les dernières découvertes » au Jardin du Roy, l'actuel Jardin des Plantes.

Annexe II

Recettes et conseils alimentaires

« Il faut manger pour vivre
et non vivre pour manger. »

Cicéron

Il est important d'avoir toujours à l'esprit que nos habitudes alimentaires sont liées à notre état de santé : plus elles sont délétères, plus sévères doivent être les contraintes pour les corriger.

Les types d'aliments, leur influence sur les taux sanguins de cholestérol, de sucre, l'importance du sel, etc., ont déjà été détaillés mais rappelons les grand principes.

Mieux manger et s'activer physiquement :

• Trois repas par jour, *pas plus*, *pas moins*, et pas de grignotage. Sauter un repas ne fait pas maigrir. Cela peut même au contraire faire grossir car on se jette sur n'importe quoi au repas suivant ;

• des repas équilibrés en protéines, en graisses et en sucres ;

• ne pas se forcer à manger ce que l'on n'aime pas, car on se fatigue vite…

• remplacer les aliments « dangereux », comme ceux riches en graisses saturées (viandes grasses), par ceux qui protègent (poissons). Réduire les apports en sucres rapides et favoriser l'apport en sucres complexes (attention : trois légumes et deux fruits par jour) ;

• calibrer ses portions en fonction de sa taille, de l'énergie que l'on doit dépenser (travail, trajets, sports...), pour ne pas avoir faim entre les repas ;

• alléger tout ce qui « entoure » le plat : assaisonnements, sauces, etc. ;

• boire de l'eau au cours du repas, limiter l'alcool à un verre si c'est indispensable, éviter les sodas, les boissons sucrées.

Adapter les recommandations à ses problèmes de santé, si l'on est concerné par :

• *l'obésité (surtout l'obésité abdominale, qui est dangereuse).* En dehors du diabète, cas très particulier, il faut prendre son courage à deux mains pour quelques mois de franche privation et ensuite changer ses habitudes pour éviter de retomber dans les mêmes problèmes. Il faut en fait se donner les moyens de se reprendre en main, de *s'occuper à nouveau de soi*, en choisissant ses aliments, sa cuisine et en faisant du sport ;

• *certaines maladies et/ou certains traitements.* Rappelons que le sel ne fait pas bon ménage avec l'hypertension artérielle ni l'insuffisance cardiaque. Le sel étant une affaire de goût, depuis l'enfance, l'appréciation de son excès par le consommateur lui-même est très relative, souvent « irréelle ». À vos calculettes, donc, en vous reportant au chapitre consacré à l'insuffisance cardiaque (p. 140) ! Rappelons aussi que les aliments riches en vitamine K (voir p. 191) sont incompatibles avec les anticoagulants antithrombiques.

TROIS CONSEILS AU QUOTIDIEN

• La *façon de cuisiner* est importante : il ne faut pas faire rissoler (ou seulement en poêle à fond antiadhésif), ne jamais frire et favoriser les modes de cuisson vapeur, poché, en papillote, au court-bouillon (seulement de l'eau et des herbes, pas de « cubes »). Pour relever les plats : aromates, moutarde, oignons, ail à volonté.

• Faites *des efforts de présentation et éliminez la monotonie des plats* : cela fait déjà saliver et accentue la sensation de *satiété*. Résultat, on mange moins !

• Pour la même raison, *prenez votre temps* pour manger, dans un environnement calme et/ou convivial, en évitant le « coin de table » ou de bureau.

Quelques mini-recettes

Une salade délicieuse et sans préparation

Couper en deux des tomates cerises, couper en fines lamelles des radis rouges ronds et un avocat, mélanger légèrement... et c'est tout ! Pas besoin de sel, d'aromates, d'huile, etc. Chaque saveur amplifie l'autre.

La sauce yaourt (pour remplacer la crème fraîche)

Pour quatre personnes : 1 yaourt Sveltesse 0 % (très peu de goût de laitage), 1 cuillère à dessert d'huile (Isio 4 ou huile d'olive), deux à trois cuillères de vinaigre ou de citron, à mêler à des échalotes en petits morceaux. À utiliser en entrée sur des tomates, des avocats, etc., ou sur un poisson chaud cuit vapeur, à l'eau, en papillote.

La vinaigrette

Une cuillère à dessert d'huile, vinaigre (plutôt balsamique) et citron à volonté, un peu de poivre selon les goûts, énormément de persil haché ou de ciboulette pour faire un mélange épais.

La sauce oignons

Dans une casserole à fond très chaud, verser un peu d'eau et tout de suite les oignons hachés. Remuer. Quand ça fume, réduire à feu doux, ajouter un peu d'eau de temps en temps pour que cela n'attache pas, jusqu'à ce que les oignons roussissent. C'est un peu long, il faut être attentif, mais c'est très bon sur du saumon, un steak…

Les pâtes à la tomate

Couper des tomates et des oignons en morceaux. Dans une cocotte à fond antiadhésif, cuire les oignons comme dans la recette précédente, puis ajouter les tomates. Ajouter ou non un peu de poivre, selon les goûts, réduire à feu doux une demi-heure. Faire cuire les pâtes le temps indiqué, les égoutter. Napper de sauce à la tomate : votre plat est prêt, pas de graisses, pas besoin de sel.

Et rappelons le soin qu'il faut mettre à respecter une présentation « grand standing » : pour la sensation de satiété, le plaisir des yeux est presque aussi important que celui des papilles !

Annexe III

Que faire en cas de malaise
et d'arrêt cardiaque ?

En cas de malaise

Si l'on est soi-même en cause

En cas de malaise (troubles visuels, vertiges), de douleurs thoraciques, d'essoufflement, de sueurs à l'effort, toutes choses *inhabituelles*, il faut s'arrêter tout de suite, s'allonger et prévenir l'entourage pour appeler de l'aide. Il ne faut se relever que très lentement.

Surtout, après un malaise, quel qu'il soit, quelles que soient les circonstances, il faut consulter.

S'il s'agit d'une autre personne

Il faut tout de suite l'allonger (même sur le trottoir), surélever ses jambes, la mettre sur le côté si elle vomit, dégager son thorax, son cou de l'écharpe ou du gros col, pour aider la respiration, apprécier son état de conscience (répond-elle ou non à un ordre simple, comme « serrez la main » ?) et, si elle est inconsciente, apprécier l'état cardiaque : y a-t-il un pouls carotidien ? Pour le vérifier, on pose l'extrémité de trois doigts, latéralement, sur le cou du sujet (dix secondes suffisent). Si l'on ne sent rien (absence de pouls) et que l'on n'a pas d'expérience, paradoxalement, il vaut mieux « prendre son temps » et vérifier qu'on ne sent rien non plus sur la carotide de l'autre côté. Commencer tout de suite le massage cardiaque et faire appeler les secours peuvent sauver une vie.

En cas d'arrêt cardiaque

Masser jusqu'à ce qu'un pouls carotidien réapparaisse et/ou que les secours :

- conseillent de défibriller s'il y a un défibrillateur proche ;
- arrivent pour prendre le relais.

Numéros de téléphone à mémoriser :
- France : 15 ou 112.
- Europe : 112.
- USA, Canada : 911.

Annexe IV

Je mets en danger mon cœur quand...

> « Tout va très bien, madame la Marquise...
> Pourtant il faut que l'on vous dise... »
>
> Ray Ventura
> Paul Misraki

Je mets mon cœur en danger (bien que ne me croyant pas malade) :

• quand je suis un homme de plus de 50 ans ou une femme de plus de 60 ans ;

• que mes parents ont eu une maladie cardiaque *à un âge précoce* : avant 55 ans chez le père, avant 65 ans chez la mère ;

• et que j'accumule *des facteurs de risque évitables* :

– je fume ou n'ai arrêté que depuis moins de trois ans ;

– je suis trop gros, j'ai trop de ventre ou je suis obèse ;

– je consomme trop d'alcool (plus de trois verres de vin par jour pour un homme, plus de deux verres par jour pour une femme) ;

– je n'ai pas d'activité physique régulière ou je suis sédentaire ;

— à la prise de sang, j'ai un mauvais cholestérol (LDL) trop élevé, au-dessus de 1,8 g/l, ou un bon cholestérol (HDL) trop bas, en dessous de 0,40 g/l.

Je mets mon cœur en danger quand :
- j'ai un diabète de type 2 ;
- j'ai une hypertension artérielle ;
- je n'essaie pas d'améliorer ce qui peut l'être, dans mes facteurs de risque dont l'addition fait croître le danger de façon exponentielle !

Je mets mon cœur en danger quand :
- je fais un malaise et ne consulte pas ;
- je prends mes traitements n'importe comment ;
- je fais du sport, certes, mais en me lançant des défis incontrôlés, sans aucune surveillance ;
- je prends les médecins et leurs conseils pour des « empêcheurs de tourner en rond » et je n'arrive pas à faire la différence entre réduire des excès et tout s'interdire…

Urgences cardio-vasculaires : les symptômes qui doivent alerter

Pour le cœur

• Un rapide inconfort, pas forcément violent, avec gêne, douleur dans la poitrine ou en haut du ventre, voire isolée à la face interne des bras, survenant souvent à l'effort et obligeant à l'arrêter, mais parfois aussi au repos, plus ou moins accompagné d'essoufflement, de sueurs, de malaise… Cela peut révéler des maladies en rapport avec un manque d'oxygène du cœur, dont la menace d'infarctus du myocarde.

• Un malaise brutal au cours du sport ou à l'arrêt. Avant de parler d'hypoglycémie, de manque d'hydratation, d'entraînement médiocre (causes heureusement fréquentes), il faut être sûr qu'il n'y a pas un problème cardiaque, de rythme, de muscle, de valves, ou de tout cela à la fois.

• Un malaise brutal, des palpitations subites plus ou moins prolongées, plus ou moins bien supportées (sueurs, essoufflement, douleur…), une brusque perte de connaissance (on se retrouve par terre sans s'en être rendu compte et on reprend vite ses esprits : troubles du rythme ? troubles de conduction ?

• De rapides difficultés respiratoires apparaissent : œdème aigu du poumon ? infarctus ? embolie pulmonaire ?

220

• Des mouches volantes, l'impression de ne plus voir des deux yeux, d'être déséquilibré, des maux de tête souvent dans la nuque : poussée d'hypertension artérielle ?

• Un arrêt cardiaque : là, on a besoin des autres pour avoir une petite chance d'être sauvé…

Pour le cerveau

• Un brutal trouble visuel d'un côté, inopiné, parfois fugace.

• Un trouble de la parole.

• Un engourdissement ou la sensation qu'un membre ou une partie du membre se paralyse.

• Des troubles de l'équilibre.

Pour les jambes

• Des douleurs dans (le) ou (les) mollet(s), à la marche, toujours pour à peu près la même distance parcourue, plus précoce en côte : artérite ?

• Une douleur brutale dans une jambe et/ou un orteil qui deviennent impotents, plus pâles, plus froids… Occlusion aiguë d'une artère ?

• Une douleur dans une jambe qui gonfle et devient chaude : phlébite ? (Dans ce cas, c'est une **veine** qui se bouche : on risque l'embolie pulmonaire !)

Dans tous les cas

Les symptômes peuvent s'intriquer, et surtout, ils peuvent paraître éphémères et régresser : *ils témoignent de la même gravité, il faut consulter très rapidement.* Pour l'infarctus du myocarde et/ou l'accident vasculaire cérébral, le meilleur délai est *moins de trois heures.*

Sport : classification de Mitchell

Classification modifiée par l'European Society of Cardiology.

	A. Composante dynamique faible	B. Composante dynamique modérée	C. Composante dynamique élevée
I. Composante statique faible	Bowling Cricket Golf Tir à la carabine	Escrime Baseball (a) Tennis de table Tennis en double Volley-ball	Badminton Ski de fond Marathon Course à pied Squash (a)
II. Composante statique modérée	Course automobile (a, b) Plongée (b) Équitation (a, b) Motocyclisme (a, b) Gymnastique (a) Karaté/Judo (a) Voile Tir à l'arc	Athlétisme (saut en longueur) Patinage artistique (a) Course (sprint) La crosse (a)	Course d'orientation Football (a) Tennis en simple Basket-ball Hockey sur glace (a) Hockey sur gazon (a) Patinage/ski de fond Course de fond et demi-fond Biathlon Rugby (a) Natation Handball (a)
III. Composante statique élevée	Bobsleigh (a, b) Athlétisme (lancer) Luge (a, b) Escalade (a, b) Ski nautique (a, b) Haltérophilie (a) Planche à voile (a)	Body-building (a, b) Ski alpin (a, b) Lutte (a) Snow-board	Boxe (a) Canoë-kayak Cyclisme (a, b) Décathlon Aviron Patinage artistique Triathlon

(a) : danger de collision.
(b) : risque accru en cas de perte de connaissance.

GLOSSAIRE

Angioplastie : technique endovasculaire, réalisée à l'aide d'un sonde introduite dans la lumière d'une artère, pour réduire, éliminer un rétrécissement.

Antithrombique : substance s'opposant à la formation de caillots.

Catécholamines : produit de sécrétion de la partie médullaire des glandes surrénales : adrénaline et noradrénaline.

Comorbidité : facteur de risque et/ou maladie aggravant une autre maladie. Exemple : le risque de refaire un infarctus du myocarde est aggravé par l'hypertension artérielle.

Électrolytes : éléments du sang comme le sodium, le potassium, le calcium… Ils jouent un grand rôle dans les échanges cellulaires, la contraction musculaire, l'équilibre hydrique, etc.

Endartériectomie : chirurgie ouvrant l'artère pour la nettoyer de l'intérieur des plaques d'athérome.

Infarctus mésentérique : ischémie intestinale aiguë, le plus souvent par occlusion de l'artère mésentérique.

Ischémie : manque d'oxygène d'un tissu ou d'un organe, le plus souvent lié à un arrêt ou à une insuffisance de la circulation sanguine. Trop prolongée, elle aboutit à la nécrose.

Maladie auto-immune : maladie où l'immunité se dirige contre le sujet lui-même et altère un ou des organes. Exemple : la thyroïdite de Haschimoto qui aboutit à une hypothyroïdie.

Maladie chronique : maladie permanente, évoluant par poussées.

Marqueur de risque : on parle de *marqueur* et de *facteur* de risque quand une relation existe entre ces deux éléments et le risque. Le marqueur devient facteur quand il est établi que le fait de réduire le marqueur réduit le risque. Exemple : la sténose carotidienne est un marqueur du risque cardio-vasculaire. L'hypertension artérielle est un facteur de risque cardio-vasculaire.

Microalbuminurie : quantité infime d'albumine dans les urines. Elle fait partie de la surveillance de la fonction rénale chez le diabétique.

Morbi-mortalité : association des maladies, des complications et de la mortalité.

Nécrose : mort cellulaire d'un tissu ou d'un organe.

Pontage ou by-pass : chirurgie permettant de court-circuiter un rétrécissement artériel.

Prééclampsie (toxémie gravidique) : forme d'hypertension artérielle observée durant les derniers trimestres de la grossesse quand elle est associée à une protéinurie. Elle est due à une ischémie du placenta.

Prévention primaire cardio-vasculaire : prévention faite en amont, alors qu'il n'y a pas encore de complications apparentes ou que l'on a un diabète.

Prévention secondaire cardio-vasculaire : prévention faite après une complication.

Protéinurie : présence de protéines dans l'urine.

Sclérose artérielle : processus physiologique qui altère l'élasticité et durcit la paroi artérielle.

Sténose : rétrécissement de la lumière artérielle.

Stent (endoprothèse) : matériel introduit à l'intérieur d'un vaisseau, pour maintenir une ouverture élargie de sa lumière (voir schéma p. 194).

Vertige rotatoire : vrai vertige, le malade a l'impression que tout tourne.

INDEX

A

Accident ischémique transitoire (AIT) : 126, 127, 157

Accident vasculaire cérébral (AVC) : 133, 144, 157

Acides gras
saturés : 62, 64
mono- et polyinsaturés : 62, 94, 97
trans : 94

Acide urique : 102

Activité physique : 43, 75, 94, 99, 143, 169, 170, 176, 178, 200

Adrénaline et dérivés adrénaliniques : 181, 223

Adrénergie : 114, 174, 223

Alcool : 38

Alimentation : 54, 62, 189

Alzheimer (maladie d') : 144

Anévrisme : 27, 136, 137, 162, 166, 195

Angine de poitrine : 113, 125, 129

Angiographie : *voir* Artériographie

Angioplastie : 127, 131, 143, 166, 193, 195, 223

Angio-scanner, Angio-IRM : *voir* Scanner, IRM

Angor : *voir* Angine de poitrine

Antiagrégants plaquettaires : 152, 180, 181, 183, 191

Anticoagulants per os : 191
antithrombine : 192
antivitamine : K 191

Aorte : 23, 25, 26, 39, 100, 101, 102, 134, 136

Anévrisme de l'aorte : 136, 137, 195

Arrêt cardiaque : 130, 146, 147, 216, 217, 221

Artère(s)
carotidienne : 195
cérébrales : 144, 166
coronaires : 26, 129, 140, 162
rénales : 39, 138, 166

Artériographies : 165, 166, 193

Artériopathie oblitérante des membres inférieurs (AOMI) : 72, 100, 101, 128

Artérite : *voir* Artériopathie

Arythmies : *voir* Troubles du rythme

Arythmie par fibrillation auriculaire : 103, 112

Athérome : 27, 33
Automesures : 40

B
Ballonnet : 193, 194
Bêtabloquants : 43, 78, 116,
    184, 189
Bio-marqueurs : 102
BNP : 102, 152

C
Cannabis : *voir* Produits illicites
Cardiofréquencemètre : 177
Cardiopathie(s)
    ischémique : 26, 190
Catécholamines : *voir* Adrénergie
Cholestérol : 52-77, 96, 204,
    205,
Cholestérolémie : 53, 54, 57, 72,
    76, 104, 192, 205
Circulation : 22, 24, 25, 28, 126,
    146, 160, 182, 208
    collatérale 29
Claudication intermittente des
    membres inférieurs : 128
Coarctation de l'aorte : 39
Compétition : 109, 157, 174-
    177
Conseils alimentaires : 212, 214
Contraception orale : 38, 46-48,
    57, 80
Coronarographie : 166
Créatinine : 139

Créatinémie : 151

D
Défibrillateur : 143, 145, 147,
    195
    automatisé externe (DAE) :
    147
Dents : 82, 180
Démence : 140, 144, 172
Dépression : 52, 110, 132
Diabète : 67
Diastole : 23, 35
    pression diastolique : 35
Diététique : 61, 74
Dissection : 127, 134, 136-138,
    160
Doppler : *voir* Écho-Doppler
Drogues illicites : 113-116
Dysfonction
    endothéliale : 24, 47, 81
    érectile : 104, 184

E
Échocardiographie cardiaque :
    voir Écho-Doppler
Écho-Doppler : 28, 102, 127,
    137, 159-162, 166, 175
    cardiaque : 159, 175
    vasculaires : 127, 161
    endovasculaires : 28, 166
Effort musculaire
    dynamique : 170
    statique : 170

Électrocardiogramme : 127, 130, 153, 154, 174, 175
Électrocardiogramme d'effort : *voir* Test d'effort
Embol : 28, 127
Embolie : 127
    artérielle : *voir* Embol
    pulmonaire : 51, 220
Endocardite : 116, 182
Endothélium : 23, 164
Endurance : 170, 172
Épreuve d'effort : *voir* Test d'effort
Epworth (échelle d') : 108
Essoufflement : 130, 141, 154, 159, 216
Examens cardio-vasculaires : 149

F
Facteurs de risque : 180, 202, 218
Fibrates : 64, 66, 105
Foie : 48, 53, 54, 56, 64, 66, 95, 111, 130, 209
Framingham : 17, 17, 33, 90
French paradox : 113
Fréquence cardiaque : 23, 35, 103, 154-156, 170-172

G
Glycémie : 67-78, 90, 95, 117, 151, 204
Graisses : *voir* Hypercholestérolémie, obésité

Grossesse : 44, 46, 48-50, 68, 138, 224

H
Harvey : 208, 210, 211
Haut risque cardio-vasculaire : 43, 59, 60, 72, 144
HDL-C, HDL-Cholestérol : 56-59, 65, 77, 92, 118, 151
Hémoglobine glyquée : 70, 151
Hémorragie : 27, 127, 136, 181, 191
    cérébrale : 98
Héparine : 192
Hérédité : 56
Holter ECG : 154
Hygiène : 22, 62,
    bucco-dentaire : 183
    de vie : 22
Hypercholestérolémie : *voir* Cholestérolémie
Hyperglycémie : 67, 68, 70, 77, 78
Hypertension artérielle : 33
    femme (de la) : 46
    grossesse (dans la) : 48-50, 224
    rénovasculaire : 138
Hypertrophie du cœur : 141, 154, 175
Hypertriglycéridémie : *voir* Triglycérides
Hypoglycémie : 67, 73, 74, 78, 171

I

IEC : *voir* Inhibiteur de l'enzyme de conversion

Imagerie par résonance magnétique : *voir* IRM

Impuissance : *voir* Dysfonction érectile, Sexualité

Index
de pression systolique (IPS) : 101, 128
glycémique : 75, 76, 95

Indice apnée-hypopnée : 106, 107

Indice de masse corporelle (IMC) : 86, 89

Infarctus
du myocarde : 129
cérébral : 126, 133

Inhibiteurs de l'enzyme de conversion : 43, 78, 190

Insuffisance
cardiaque : 27, 140
rénale : 138

Insuline : 67, 77

Intima : 23

Intima-média (rapport) : 102, 161

Ischémie : 29

Ischémique (cardiopathie) : 190
Silencieuse : 126, 157

L

LDL-C (LDL-Cholestérol) : 54, 57-65, 118

M

Macro-angiopathies : 71

Maladies cardio-vasculaires : 81, 100, 121

Malaise vagal : 115

MAPA : 39, 162

Marfan (maladie de) : 136

Massage cardiaque : 147, 217

Médicaments : 43, 64, 77, 143, 189

Ménopause : 50

Messages : 201-206

Micro-angiopathies : 71

Mitchell (classification de) : 222

Mort subite : 73, 169, 176, 185

Mortalité
cardio-vasculaire : 42, 56, 58, 64, 90, 91, 98, 105
globale : 60, 90, 118, 169, 202

N

Nécrose : 29, 124, 129, 134, 223, 224

Neuropathie : 71

Nicotine : *voir* Tabagisme

O

Obésité : 47, 56, 58, 69, 72, 89-92, 103, 202, 213
abdominale : 79, 90, 91, 213

Occlusion : 28, 29, 54, 100, 124, 129, 135, 223

Œdème(s) : 41, 141, 190
Œdème aigu du poumon
    (OAP) : 139, 141, 220
Oreillettes : 25, 134, 153

P
Pacemaker : 143, 163, 195
Paralysie : 81, 126, 133
Périmètre abdominal : 91
Phlébite : 162, 221
Pile : *voir* Pacemaker
Pilule : *voir* Contraception orale
Plaque d'athérome : 27, 28, 54,
    100, 103, 194
Rupture de plaque : 28, 127, 129
Pontage : 196, 224
PPC, ventilation nocturne en pres-
    sion positive continue : 107
Pression artérielle : 33-40, 162,
    190
Prévention : 42, 199
    collective : 201
    primaire : 53, 59, 64, 72, 77,
        200, 224
    secondaire : 53, 59, 65, 200,
        225
Profil(s)
    psychologiques : 109
    tensionnel d'effort : 40
Prophylaxie bactérienne : 181

R
Radiographie thoracique : 159

Recettes : 212
Régime(s)
    dissociés : 98
    méditerranéen : 62, 112
Réglisse : 38, 43
Resvératrol : 113
Rétinopathie : 71, 78
Rétrécissement : 28, 39, 100,
    161, 166, 193, 223, 225

S
Santé globale : 60, 73, 91, 169,
    171
Satiété : 95-97, 214, 215
Scanner : 163
Scintigraphie myocardique :
    158
Sclérose artérielle : 70, 225
Sédentarité : 17, 72, 92, 169
Sel : 37, 38, 43, 143, 189, 213
Septicémie : 116, 182, 203
Sexualité : *voir* Dysfonction
    érectile
Sida : 105
Sodium (chlorure de) : *voir* Sel
Sport : 77, 169, 173, 178
Statines : 53, 64, 78, 192
Sténose : 28, 54, 100, 225
    artérielle : 101, 194
    de l'artère rénale : 138
Stent : 193, 225
Stimulateur cardiaque : *voir*
    Pacemaker, pile
Syncope : 154, 220

Syndrome
    coronaire aigu : *voir* Infarctus
        du myocarde
    d'apnée du sommeil : 106
    métabolique : 90
Système rénine-angiotensine : 36
Systole : 23, 35
    pression systolique : 35, 101

T

Tabac : 81
Tabagisme : 80
Tachycardie : 103, 185
Trouble du rythme : 146, 195
Tension : *voir* Hypertension
Test d'effort : 40, 77, 155-159,
        172, 185
Thallium d'effort : *voir*
    Scintigraphie myocardique
Thrombose : 129, 192
Tomodensitométrie : 163
Traitements
    chirurgicaux : 196

électriques : 146, 192, 195
médicamenteux : 38, 43, 50
thrombolytiques : 131
Triglycérides : 56, 102, 118

U

Urgences : 220
    Numéros d'urgence : 124,
        127, 217

V

Valves : 103, 116, 136, 182
Valvulopathies : 98, 134
Ventricule : 136-141, 210
Vin : 43, 112

X

Xanthome, xanthélasma : 57

RÉFÉRENCES

Communications des sociétés savantes

American College of Cardiology (ACC) : communications 2007, 2008, 2009.

American Heart Association (AHA) : communications 2007, 2009.

European Society of Cardiology (ESC) : communications 2007, 2008, 2009.

Revues

Abstract, de 2007 à 2009.

American Journal of Cardiovascular drugs, 2008.

Angéiologie, de 2007 à 2009.

Cardinale Cardiologie, novembre 2008, vol. 2, n° 13, cœur et sport.

Cardiologie pratique, de 2004 à 2009.

Cardiologue, de 2004 à 2009.

Cardio Sport, n° 20.

Consensus Cardio, de 2004 à 2009.

Coronaires, n° 19, mars 2009, n° 20, mai 2009.

HTA Dignes de staff, n° 4, juin 2009.

La Lettre du Cardiologue, de 2004 à 2009.

La Lettre de l'IRP, n° 3, 2009.

Observations cliniques : HTA, n° 7, juin 2009.

Profession cardiologue, n° 13, septembre 2009, Dossier spécial diabète : Dr Dominique Simon, Paris, Dr Michel Farnier, Dijon.
Réalités cardiologiques, de 2004 à 2009.
Sevrage tabagique pratique, de 2008 à 2009.

Ouvrages
Histoire de la cardiologie et des affections vasculaires, Pr Roger Rullière.

Ouvrage composé par
Atlant'Communication
au Bernard (Vendée)

Achevé d'imprimer sur Roto-Page
par l'Imprimerie Floch à Mayenne
en mars 2010
pour le compte des Presses du Châtelet